青弓社

104

ライブラリー

仲人の近代

見合い結婚の歴史社会学

阪井裕一郎

青弓社

仲人の近代

見合い結婚の歴史社会学

目次

序章　仲人という謎——仲人から近代日本を問う　9

第4章　仲人の戦後史　153

カバー写真――Kodansha／アフロ提供
装丁――Malpu Design［清水良洋］

序章　仲人という謎——仲人から近代日本を問う

1　仲人をするのは人生の義務

リクルート社が二〇〇八年に刊行した報告書「ゼクシィ結婚トレンド調査[1]」によれば、〇七年の一年間で結婚式に「仲人を立てた」と回答した人の割合は全国で〇・七%だった。報告書には、「仲人を立てなかった理由」という質問項目もあるが、その回答では「特に必要とは感じなかったから」が圧倒的多数を占めている。今日では、「仲人を立てなかった理由」を問う質問項目の存在そのものを不思議に思う人も多いかもしれない。というのも、若年層にはそもそも結婚式に仲人を立てるという発想はなく、仲人という言葉さえ知らないという人も少なくないはずだからである。

このように、結婚の場から仲人の存在がほぼ消えてしまったのが現代の状況である。

かくいう筆者自身も、仲人にリアリティーをもたない世代の一人である。では、なぜ仲人に関心をもち研究を始めることになったのか。まずはその経緯を簡単に記しておきたい。

当初の研究テーマだった明治以降の日本の結婚について調べていくなかで、その中心に常に仲人が存在していて、重要な立ち位置を占めていたことに気づかされた。調査を開始した当初は、仲人とは婚姻両家に配慮し、見合いをセッティングする「紹介者」程度のイメージしか抱いていなかった。しかしながら、資料を集めていくなかでそのような単純なイメージには収まりきらない仲人の姿が浮かび上がってきた。民俗学者の柳田国男が、「仲人制度の発達ということは、日本の社会組織を詳らかにしようとする者にとって、まことに大切な観点である」(2)と述べるように、近代日本の家族や結婚を理解するために仲人に注目することには重要な意義があるにちがいないと考えるに至った。特に仲人の存在に強く関心を引かれる一因になったのは、次のような新聞記事との出合いだった。

一九三四年(昭和九年)七月九日付の「東京朝日新聞」に、一人の男性のエピソードが掲載されている。その男性は重い病を抱えていて余命わずかだったが、「死ぬ前に一度仲人をしてみたい」という強い願望をもっていたという。そして彼は「本望」だった仲人の役を務め上げると、その後すぐに自殺したという内容である。もちろん一つの事例だけで一般化できるわけではないが、この記事は私に強烈なインパクトを与えた。「死ぬ前に一度仲人をしてみたい」。これはいったいどういう感情なのだろうか。

「仲人」と聞けば、われわれは未婚者のために結婚相手を紹介する仲介者をイメージするだろう。もちろんそれが間違っているわけではない。しかし、歴史的にみると、仲人には単なる仲介者を超えた、大きな社会的な意味が与えられていたようなのだ。この新聞記事は、かつて仲人がもっていた、そういうシンボリックな価値を示す一例だといえる。一九六〇年代に刊行された仲人関連の書籍でも、次のような記述が確認できる。

> 一生涯誰からも仲人になってくれと頼まれなかった人間は、一人前の人間として世間から遇せられなかった者ということができるかもしれません。（略）仲人を一生に三度くらいしないようでは、人間の価値がないとは、すこぶる当を得た言葉と思います。それは人から信頼されることであり、それだけの価値があるからといえましょう。(3)
>
> 自分の結婚や、自分の子どもの結婚には、どうしても他人様を仲人に頼まなければなりません。したがって、この自分の受けた他人様のお世話を返すためには、自分もまた、他人の結婚の仲人をつとめることが、当然の社会的な義務でもあるわけです。仲人になることは、良き他人であり、良き隣人であり、良き第三者であり、良き世話役であるということであります。つまり、他人の仲人をすることは、一人前の社会人に成長したことを証明するようなものです。(4)

最近ではほとんど聞かれなくなったが、日本には、「人は死ぬまでに三度仲人をやれ」「三度仲人をやって一人前」「仲人をするのは社会人の義務」などといった、仲人にまつわるさまざまな格言が存在している。郷土資料をみれば、「人間は一生に二組以上仲人をしないとなめくじに生まれかわる」[5]などという言い伝えが存在した地域まである。

これは決して遠い昔の慣習というわけではなく、戦前だけでなく戦後に刊行された結婚関連の書籍にも必ず記載されてきた話である。一九七〇年代から九〇年代に出版された本をみても、「媒酌人を頼まれるようになれば人生修業は卒業といわれます。（略）それを依頼されたことは大きな名誉だと考えるべきです」[6]「「一生に三組の仲人は人間としてのつとめ」といわれます」[7]などといった言葉が並んでいる。仲人を務めることが「社会的な義務」であり「栄誉」とされていたという事実は、現代を生きるわれわれにとって、いささか驚きに値する事実かもしれない[8]。では、いったいなぜ仲人にこれほどまでに高い価値が与えられていたのか。本書で解明すべき第一の問いはこの点にある。

2　仲人がいない結婚は「野合」

仲人そのものに高い価値が置かれていただけではない。結婚する際には、きちんと「仲人を立てたかどうか」が重視された。比較的最近のものを紹介すれば、一九九七年に刊行された『はじめての仲人・媒酌人』という本にも、「「婚姻は両性の合意のみに基づいて成立」するとされる現在は、本人の意志が尊重される時代ですが、それでもやはり、「仲人は結婚において欠かせぬ存在」であることは間違いありません」[9]と書いてある。

歴史を振り返ると、仲人の存在はその結婚の「正しさ」を示すうえで不可欠とされていた。そして、長らく「仲人がいない結婚は野合」ともいわれたように、仲人を立てない結婚は社会的に認められないことも多かったのである。

このような規範はいつごろ成立したのだろうか。明治時代（一八六八―一九一二年）にさかのぼって、こうした規範を示す言葉を確認することができる。たとえば、のちに初代文部大臣となる森有礼は、一八七四年（明治七年）に日本の結婚の特徴を論じるなかで、「媒《なかだち》を用いて婚する者を夫婦と称し、その婦を妻と称す。媒を用いずして婚する者を妾と名づく」(10)と記している。日本では、婚姻届を出しているかどうかよりも、「仲人が存在するかどうか」が結婚の要件だと語られているのが興味深い。ほかにも次のような記述を確認できる。

婚姻に於て尤も必要なるものは媒酌人なり。我国の礼古より媒酌人なきはなし。然るに近頃西洋の風に泥み自由結婚など称へさも誇り顔に手を携へて双々離るべからざる一体となる輩あり甚しきは自ら之を行ふのみならず公に青年男女に此風を諂むるものあれど我国にては斯の如きを指して禽獣と卑しむ。(11)

婚姻には媒妁と言ふ者がなくてはならないものでありまして、是なくては、全く卑しい野合に落ち決して完全なる婚姻とは申されないのであります。(12)

明治期には、媒酌人（後述するが、当時は仲人ではなく基本的に媒酌人と呼ばれた）を立てない結婚は「野合」であり、ときには「畜生婚」などと蔑まれ、動物的で野蛮な行為だと非難する言説がよくみられたのである。[13] 仲人がいない結婚が「野合」であるという言説がいったい何を意味していたのかを探ること、これが本書の第二の問いである。

3　仲人と「近代」——伝統の変容

仲人を、太古から続く日本の伝統文化の一つだと考える人は多いだろう。しかしながら、実はこうした仲人を立てる結婚形式は、江戸時代には人口の五%程度だったとされる武士階級の婚姻慣行でしかなかった。一八七七年（明治十年）ごろまでは、農漁村や庶民のあいだにはあまり浸透していなかったのである。[14]

最初に確認しておかなければならないのは、仲人は一般に理解されているような、広く伝わる「日本の伝統」とは必ずしも言いきれないということである。次の第1章「仲人をめぐる「民俗」——村落共同体のなかの結婚」で詳しくみていくが、明治になるまでは仲人という慣行は武家や農村の一部上層階級にだけ定着していたものにすぎず、全国的に普及するのは明治以降のことだった。日本の近代化の最初の局面で、「仲人結婚」が農民や都市の労働者階級など階層を超えて民衆レベルにまで広がっていったのであり、結婚の「家族的統制」の側面はむしろ強まる傾向をみせた。[15] となれば、仲人の仲介による見合い結婚が「伝統的」であり、個人が自由におこなう恋愛結婚が「現代的」だという今日の社会に流布している認識は、あくまで戦前から戦後の変化を示したものにすぎない。まず、この事実を押さえておかなければならない。

これを例証する記述をあらかじめいくつか確認しておこう。早い段階のものでは、一九〇三年（明治三十六年）に、詩人の大町桂月は、「わが国昔は自由結婚なりき。（略）然るにいつの頃よりか（略）必ず媒介ありて、結婚するやうになり、媒介なくして結婚するを野合といふやうになれり」[16]と記している。明治以前の農漁村を中心とした庶民の結婚には必ずしも仲人や見合いなど存在しておらず、当事者の自主性に基づいた「自由な」婚姻慣行が広くおこなわれていたというのである。

民俗学者の柳田国男も、「まずいちばんに人が気づかずにいるのは仲人という者の新たに現れてきたことである」と述べている。続けて、「家を唯一の根拠とした武家風の物の見方が、一代を風靡する世の中」が到来した結果、仲人結婚が「多くの縁組の標準」[17]になったのだと指摘している。仲人を介した結婚こそが「正しい結婚」なのだという社会規範は、すでに江戸中期から庶民層の一部で広まりつつあったものの、全国的に急速に広まるのは明治に入ってからのことだった。いわば、武家社会で確立していた「伝統」が近代化を推し進める政治で、再発見され「活用」されたわけである。

本書の分析の一つの軸になるのは、この「伝統」と「近代」の関連である。すなわち、「伝統」としての仲人が明治期から現代までの「近代化」のプロセスのなかでどのように社会に受容され、変化していったのかという点に照準を定めたい。後述するように、仲人結婚（あるいは見合い結婚や媒酌結婚）というシステムそのものは武家社会で登場したものだった。しかし、それがそのままのかたちで民衆へと定着していったわけではない。近代化のプロセスのなかで、柳田の言葉でいえば、さまざまに「模様替え」されながら制度化されていったのである。[18]

社会科学や人文科学の領域では「伝統」と「近代」を相対立するものではなく、これらを相補的なものとして捉える視点は一般的なものである。よく知られるものとしては、歴史学者エリック・ホブズボウムらの「創られた伝統（the invention of tradition）」[19]の議論がある。彼らは、「伝統」とは決して不変なものではなく、近代化のプロセスでその目的に応じて都合よく「再発明」されることを指摘する。しばしば、現代の目的のために「伝統」は都合よく捏造されたり、一部だけ切り取られて誇張されたりする傾向があるというのである。ホブズボウムらと同様に、政治学者のカール・フリードリッヒも一九七二年の著書『伝統と権威』のなかで、「伝統」の相対的な性質とその政治性を指摘している。彼は、政治で「伝統に依拠して理由の説明をするのが権威の基本的な方法」なのだと述べていて、伝統はしばしば政治社会の「統合」に決定的な役割を果たすものだと指摘する。そして、「伝統の中に革新的な要素を混入させ、そうした要素が、ついには伝統を一変させてしまう[20]」こともあるという。「伝統」が近代以降の政治のなかでどのように活用され、変容していくのか。本書でも、このような視点から分析していきたい。

仲人もまた、明治から現代まで繰り返し「伝統」として語られながら、その内容や役割を変えながら長らく存続してきた。そのため、仲人という、いわば明治時代に「創られた伝統」が、さらにどのようにして近代社会の政治や生活文化に適合的なものへと読み替えられていったのかを一つの軸に、仲人の近・現代史を描いていきたい。

4　仲人を通して何をみるか

結婚をめぐる規範や価値観は、その時代の文化や政治と密接に関わっている。人々が結婚に抱いている期待や感情、意味は決して普遍的なものではなく、時代や場所、社会状況に大きく規定されている。これも社会学や歴史学では基本的な考え方になるが、われわれが抱く感情のすべてが必ずしも「本能」や「生理現象」から生じるものではなく、歴史的・社会的に形成されるものも少なくない。

たとえば、現代であれば、ほとんどの人が「好きでもない人と結婚するなんてありえない」と考える。しかし、歴史を振り返れば、むしろ反対に「好きな人と結婚するなんてありえない」時代も長く存在した。一例として、一九二五年（大正十四年）に刊行され、アメリカでベストセラーになった書物『武士の娘』を紹介しておこう。一八七三年（明治六年）に旧越後長岡藩の家老の娘として生まれた著者の杉本鉞子は、自分の若いころを振り返って次のように述べている。

当時婚約は、私個人の問題ではなく、家全体のかかわることと思っていましたから、誰方のところへと尋ねてみようとも思いませんでした。その時分の女の子の常で、ごく幼いころから、私もいつかは必ずお嫁にゆくものと思っていましたが、それがいつのことかも知らずその時を待っていたのでもなく、恐れていたのでもなく、全く考えてもみませんでした。[21]

恋愛を経て結婚するという「常識」は普遍的なものではない。常識は時代の変化とともに変わり続けている。本書では、仲人の変化に焦点を当てながら、こうした結婚の常識の変化を読み解いていく。

これまで、家族や結婚に関する歴史的研究は数多く蓄積されている。しかし、やや意外なことだが、仲人を軸にして近代日本全体を描くという試みは存在していない。もちろん、仲人を考察する先行研究がなかったというわけではない。しかし、その多くは民俗学者によるものであり、農漁業が中心だった時代の村落共同体の慣行に関する研究である。[22]また、これらの研究は農村社会の婚姻慣行に特化した研究であり、明治期以降に都市中間層にまで広く普及していく仲人慣行に触れたものではない。さらにいえば、仲人に焦点化した研究は、調べたかぎりでは、新しいものでも一九七〇年代のものであり、それ以後の「仲人の消滅」にまで触れた研究は存在していない。仲人が「絶滅の危機」にあり、自明な存在ではなくなった現代だからこそ、あらためて「仲人とは何か」の歴史を包括的に論じることが可能だといえるのかもしれない。本書は、これまであまり注目されてこなかった明治期以降に社会全体に広く普及していく仲人、そしてこれが消滅へと至る現代までのプロセスを包括的に扱う点に特徴がある。

5　仲人は「封建的」か

　本書の大まかな分析の視点について、ここでもう少しだけ触れておきたい。これまでの研究でも、仲人結婚が近代以降に民衆に普及した比較的新しい制度であることは指摘されてきた。しかし、その制度化の過程や規範がどのように維持され、変化したのかについての検討は十分になされていない[23]。さらに、明治から戦前期の結婚については、概して「不自由結婚」[24]（川島武宜）や「封建制の延長」[25]（小山隆）、あるいは戦後の「個人主義的結婚」と対比し「家族主義的結婚」[26]（姫岡勤）と一括される傾向にあった。

　もちろん、家長権力の絶対性を法的に定めた戦前民法の時代に、結婚がこうした側面をもっていたことは揺るがない事実である。しかし、近年の歴史社会学の成果が明らかにするように、すでに明治期以降には「恋愛」や「家庭」といった西洋近代由来の理念も急速に普及していた[27]。こうした時代状況に鑑みれば、仲人結婚の内容についても、単に「封建遺制」とくくるだけではなく、もう少し詳細に検討する必要があるように思われる。

　第2章「文明化と仲人――明治・大正期における「家」の結婚」で詳しく論じるが、すでに明治期にも「個人の意志」を無視した「強制結婚」（あるいは「強迫結婚」とも呼ばれた）を批判する言説は、論者の思想的傾向によらず一貫して語られる傾向がみられる。敗戦を分岐点として、「家族主義的結婚から個人主義的結婚へと変化した」と単線的に理解するだけでは、明治時代以降の近代化プロセスに通底している「個人」への配慮を無視し、近代日本の結婚を理解する枠組みを単純化してしまうおそれがある。さらには、長きにわたって、なぜこれほどまでに仲人に高い価値が置かれていたのかを十分に理解することはできないように思われる。その正統性をたびたび脅かされてきたにもかかわらず、実態としては仲人結婚の規範は強固に維持され、当事者の合意だけで成立する結婚には一貫して否定的な言葉が投げられた。この歴史的事実を重視するならば、近代以降の社会と仲人結婚の関係を明らかにする必要がある。

仲人という存在を、単純に家と家を結び付ける「前近代的な存在」とだけ捉えるならば、「仲人は個人主義の浸透とともに消えていった」といった、単純な理解から抜け出すことはできない。しかし、本書第4章「仲人の戦後史」で詳しく論じるように、戦後「恋愛結婚」が急増し「見合い結婚」が減少するなかでも仲人は存続した。結婚の八〇％以上が恋愛結婚で占められるようになった一九九〇年に至っても、八〇％以上のカップルが結婚式に仲人を立てていたのであり、従来の単線的な枠組みでは「仲人とは何であったか」という問いを十分に解明することはできない。明治期以来、結婚をめぐっては常に民主主義的な考え方と、社会秩序を重んじる考え方とのせめぎあいが繰り広げられてきていて、仲人はそのせめぎあいのなかに存在し続けたのである。

仲人の隆盛と衰退という社会事象がいったい何を表しているのか。本書は、「見合いから恋愛へ」という変化だけではなく、「仲人」という存在に焦点を当てることで、日本社会での結婚の歴史、ひいては、日本の近代化とは何だったかを総合的に検討するものである。

6　本書の構成と概要

ここで本書の構成と概要について述べておきたい。

第1章「仲人をめぐる「民俗」――村落共同体のなかの結婚」では、明治以前と以後の庶民の婚姻習俗を概観し、仲人がどのような社会背景のなかで普及してきたのかを主に民俗学の研究・資料をもとに明らかにする。明治時代以前の村落社会では見合いがほとんど浸透しておらず、そこで結婚媒介を担っていたのは「若者仲間」と呼ばれる同輩年齢集団だった。こうした慣行を変えたのが、教育勅語に代表される明治政府の一連の政策であり、新たな家制度の登場だった。この章では、仲人が規範化される近代化の最初の局面を検討する。

第2章「文明化と仲人――明治・大正期における「家」の結婚」では、明治期から大正期（一八七〇年代から一九二〇年代）の媒酌結婚の規範的言説を分析し、媒酌結婚が「正しい結婚」として多くの人たちに認識されるようになったプロセスを解明していく。明治期には「家族主義」が鼓舞される一方、「個人主義」の理念も台頭していて、大正期に入ると「恋愛」の価値も社会広範に認められるようになった。ここでは、西洋文明との接触の結果生じたこうした思想的対立に着目し、これらがどのように折衷ないしは調和されていったのかを考え、なぜ媒酌結婚が強固に維持されたのかを分析する。この章では言説分析の手法を採用し、明治期に出版された書物や雑誌・新聞の言説を対象にして、媒酌結婚を正当化するロジックを検証している。

第3章「仲人と戦争――結婚相談所にみる結婚の国家的統制」では、結婚媒介所や結婚相談所など、戦前期の結婚媒介を専門とする機関に着目する。初期の結婚媒介所は不正や詐欺に満ちたものであり、警察の取り締まりの対象にもなった。しかし、一九二〇年代以降は人口政策のために国家に活用されていく。さらに、優生思想が台頭するなかで、結婚相談所には国策の拠点としての機能が期待された。本章では、戦時体制下での結婚相談所の実態と仲人結婚をめぐる規範の様相を明らかにする。

第4章「仲人の戦後史」では、「民主化」と「高度経済成長」という二つの時代変化に焦点を当てて、戦後の仲人の変遷を考察する。家制度が廃止されたことで、見合い結婚を「封建的」だとする主張が急速に社会に広がり、戦後しばらくは新旧の価値観の衝突が生じた。とはいえ、理想と現実のギャップを埋め合わせようとするなかで、新たな「見合い」のあり方や仲人の役割も議論された。高度経済成長期に入ると、結婚と企業の結び付きが強まり、職縁結婚が増加し、結婚式の仲人を「会社関係者」が占める比率が高まった。この章では、戦後にも仲人が存続した背景と、一九九〇年代以降になぜ消滅に至ったのかを検討している。

以上、本書では、明治期から現代までの仲人について基本的には時系列的に論じているものの、各章の分析方法や分析対象は異なっている。たとえば、分析方法は、第1章と第4章は先行研究や資料に基づいた歴史的事実を中心とした記述になっているが、第2章と第3章は言説分析の手法が中心になっている。分析対象も、第3章で扱う結婚相談所や優生思想は、戦後も引き続き多様なかたちで存在した問題ではあるものの、第4章の戦後史の記述からは外しているなど、各章で多少のばらつきがある。この点は、資料の制約や筆者の関心の偏りに基づくものであり、今後さらなる精査を要する部分だといえる。とはいえ、各章が「仲人と近代」の関連を考えるうえで欠かせないパーツであり、読者には各章がある程度独立した内容であることをあらかじめご了承いただいたうえで本書を読み進めてほしい。

7 「仲人」をめぐる用語について

ここまで特に断りなく「仲人」という言葉を使用してきたが、本書の主題である「仲人」という言葉が指し示す内容も一様ではないため、本論に入る前にあらかじめ簡単に整理しておく必要があるだろう。

まず、仲人にもさまざまな呼び名がある。一つは、「媒酌人」である。明治時代までは、「仲人」という言葉はほとんど使用されておらず、「媒酌人」の語が一般的である。大正期ごろから仲人の語も普及するが、戦前期には「媒酌人」のほうがより一般的な用語だった。「媒妁」と「しゃく」の字を「おんなへん」で表記することも多い。媒酌人と書いて「なかうど」と振り仮名を付けている例も多く確認される。漢字も「媒酌人」だけではなく「媒」「媒人」「媒介人」などがあり、これに「なかうど」や「なかだち」の振り仮名を付けるなど多様である。また、「月下氷人」という中国の故事に由来する仲人を表す言葉も広く使用されていた。

「仲人」と「媒酌人」の区別についてもさまざまな説明が存在する。しかし、必ずしも二つは明確に定義・区別できるものではない。戦後から現代の一般的な区別としては、実質的な紹介や仲介にあたる人物を「仲人」と呼び、結婚式のときだけ形式的に立てる人物を「媒酌人」と呼ぶことも多い。だが、これも絶対的な定義とはいえない。歴史資料をみると、むしろ「媒酌人」が実質的な橋渡し役を意味し、婚約成立後に正式に立てるのが「仲人」だという説明も多々みられる。このあたりの用語の複雑な変化は、もちろんそれ自体が重要な研究対象の一つになりうるものだが、本書では言葉自体の意味や変遷には深く立ち入らない。本書では「仲人」と「媒酌人」、あるいは「月下氷人」という用語について、特に必要がないかぎりは、基本的には同義のものとして使用している。

次に仲人の「種類」についても簡単に触れておきたい。仲人の種類にもさまざまなものがあり、これについても多くの資料や研究がある。一つの参考として、戦前から戦後にかけての都道府県別の民俗慣行をまとめた「日本の民俗」シリーズ（第一法規出版）を確認してみよう。そのなかの「仲人」の記述を確認すれば、おおよそ仲人には二つのタイプがあることがわかる。一つは、実質的な仲介にあたる仲人であり、もう一つは婚約成立後に形式的に依頼する仲人である。以下、いくつかの事例を紹介する。

長野県のいくつかの地域では、縁談の下ごしらえをする仲人を「ハシカケ」「シタチュウニン（下仲人）」と呼び、そのあとを受けてチュウニン・ナカウド（仲人）を正式に立てて縁談をまとめたという。(28) 群馬県では、まとめるだけで決して表に出ない者を「シタ仲人」と呼び、形式上頼まれる仲人を「オモテナコウド」「ザシキナコウド」「タノマレナコウド」などと呼んだ。後者の仲人には地位や財産、声望が重視されたという。[29] 神奈川県では、仲介の労をとってまとめる者を「ハシカケ」「ハシワタシ」「ハシタテ」「ネコギ」「ネドリ」「ナイギキ」「ナイゼワニン」などと呼んだ。正式の仲人はたいてい別の人に頼み、婚礼の準備や当日の世話、結婚後の相談相手になるなどの重要な役を担った。[30] 新潟県では、事前交渉にあたる人を「シタナコウド」「タイコタタキ」「ハシワタシ」などと呼び、下話が決まってから「正式の仲人」を決めるのが普通だったという。このように、大まかには、実質的な仲介にあたる仲人と形式的に立てられる仲人の二種類があり、多くの地域で「仲人の二段階制」をとっていたことがわかる。

民俗学者の白井宏明による分類[31]も紹介しておきたい。白井は、単に婚礼の席だけに出席・関与するだけの仲人を「食卓仲人」、結納ないし「手じめの酒」など正式の婚約儀礼の段階から関与する仲人を「正式仲人」、配偶者の紹介から婚約・婚礼と婚姻成立の全過程に関与する仲人を「本式仲人」、配偶者の紹介と縁組の下ごしらえだけに関与する仲人を「下媒人」と、四つに分類している。最後の「下媒人」は、「仲人」とは区別されることもあり、「ナイゼワ」とか「ハシワタシ」などの名称をもっていたとされる。白井は、歴史・民俗の資料に基づきながら、仲人が結婚のプロセスにいつどのように介入するのか、あるいは、その役割に基づいて前記の分類を示している。

最後に、戦後から現代の日本でより一般的に人々に知られている仲人の分類を確認するために、『模範仲人読本』という書を参照しよう。この本では仲人には以下の三種類があるとしている。[32] 一つ目は「頼まれ仲人」である。このタイプの場合、「橋渡し」という実質的な仲人は別の人がやっていて、すでに婚約が決まった段階で登場する仲人を意味する。結婚式や披露宴だけに登場するだけの場合もあるし、ある程度の話がすんだあとで「仕上げ」をおこなうために頼まれる場合もある。この種の仲人には「社会的に有名な人、または地位のある人、財産のある人、あるいは新夫婦のいずれかの上役先輩などが多く、社会的に信用のある人」だとされている。二つ目は「世話好き仲人」である。これは「自分から買って出る世話好きでやる仲人」であり、いい相手を見つけ出すという役割を担う。しばしば「仲人おばさん」などと呼ばれてきたのは、このタイプである。「頼まれ仲人」の多くが男性であるのに対して、このタイプは女性の場合が多く、「頼まれ仲人」とは異なり、特に高い地位は求められない。三つ目は「商売的な仲人」である。すなわち、結婚仲介業や結婚紹介所のことである。これも仲人の一種だが、この本には、悪質な売春斡旋業者が偽装していることが多く「だいたいにおいて無責任なものが多い」と書いてある。商売的な仲人は、今日でも結婚紹介業や婚活サービスとしてインターネットや電車内の広告などでも頻繁に目にするものだろう。とはいえ、こうした仲人は決して最近登場したものではない。本書の第3章で詳細にみていくように、すでに明治時代にもこの種の「商売的な仲人」は数多く存在していた。

以上みたように、「仲人」といっても、当事者を引き合わせる段階から介入するパターン、婚約成立後の結婚式だけに登場するパターン、生涯にわたって付き合いがあるパターンなどさまざまなタイプが存在していた。本書で扱うのは基本的にこれらすべてであり、「仲人」という言葉を包括的な用語として使っていく。なお、引用する歴史資料のなかには現代では差別的または不適切な表現もあるが、そのまま記載していることをご了承いただきたい。

注

（1）「ゼクシィ結婚トレンド調査2008」（https://recruit-holdings.co.jp/news_data/library/pdf/20081029_02.pdf）［二〇二一年九月十九日アクセス］

（2）柳田國男「婚姻の話」（一九四八年）、『柳田國男全集』第十二巻（ちくま文庫）、筑摩書房、一九九〇年、一五四ページ

（3）石山俊太郎／芝木敬子『結婚礼式 仲人・司会者のすべて――挨拶・作法・法律の心得』文海堂、一九六二年、三〇―三二ページ

（4）入江宗徳『模範仲人読本』日本文芸社、一九六二年

（5）戸川安章『山形』（「日本の民俗」第六巻）、第一法規出版、一九七三年、二〇九ページ

（6）高谷緑『媒酌の仕方と心得』（文研リビングガイド）、文研出版、一九七四年、一四ページ

（7）日本儀礼文化協会『仲人のしきたり』（新実用書シリーズ）、永岡書店、一九八四年、三ページ

（8）ほかにも、一九七五年刊行の媒酌人の手引『媒妁人全書』の冒頭にも、媒酌人に選ばれることを、「あなたにはそれだけの地位と貫録と、栄誉とでもいったようなものが、身についたわけです」という記述がある（宮川晴泰『媒妁人全書――縁談から披露宴まで』金園社、一九七六年、一五ページ）。

（9）古門恒雄監修『はじめての仲人・媒酌人――これだけは知っておきたい新・仲人事典』池田書店、一九九七年、二〇ページ

（10）森有礼「妻妾論の一」、山室信一／中野目徹校注『明六雑誌』上所収、岩波書店、一九九九年、二七七ページ

（11）高橋鋤郎『新日本の花嫁』一二三館、一八九四年、三八ページ

(12) 武田桜桃『結婚の枝折』三立社、一九一一年、四二ページ

(13) ちなみに、戦後になってもしばらくは一部の地域では恋愛結婚は蔑まれていたようである。小説家の岩崎栄が著した「恋愛勝利読本」(「若い広場」一九五九年二月号、若い広場社)での、岩崎と裕福な農村青年との次のようなやりとりが興味深い。岩崎が「恋愛結婚はこの辺りではないのか」と尋ねたところ、「そんなことをやるのは下等の家の子だね……村には、上等と中等と下等と、三種類の家柄があるんですよ。大別してね。上と中とは絶対に恋愛などしない。恋愛してくっつくのは下等階級だけでさ」と返ってきたという。

(14) 関口裕子/服藤早苗/長島淳子/早川紀代/浅野富美枝『家族と結婚の歴史』森話社、一九九八年

(15) R・O・ブラッド『現代の結婚――日米の比較』田村健二監訳、培風館、一九七八年、上野千鶴子「「恋愛結婚」の誕生」、吉川弘之著者代表『結婚』(「東京大学公開講座」第六十巻)所収、東京大学出版会、一九九五年

(16) 大町桂月『女学生訓』博文館、一九〇三年、六三ページ。ほかに東京帝国大学の社会学教授だった外山正一が、一九〇七年(明治四十年)に次のように述べている。「日本の女子は男子といえば親姻の外は曾て言語を交ふるの機会なしとは、これ士族の間の風にして農工商の間の風にはあらざるなり。(略)男尊女卑の風の如きも、其の最も盛んに行わるるは士族社会にして、農工商の間には、男女の尊卑は決して士族社会の如く甚だしきものにあらざるなり。(略)父母が娘の為に配偶者を択ぶことの如きも、武家と農工家とは大いに其の事情を異にせしもの無きにあらず。武家に在りては婚姻の前ただ一度見合ということを為せしのみにして、しかも其の見合たる其の名こそ双方の当人が果して意に適いたるや否やを勘定する為の機会なれども、その実は全く虚なる式に過ぎざりしなり」(外山正一「社会改良と耶蘇教との関係」、博文館編『明治名著集』〔「太陽」臨時増刊第十三巻第九号〕所収、

博文館、一九〇七年、三六二ページ）
(17) 前掲「婚姻の話」一四七―一五三ページ
(18) 同論文一五三ページ
(19) エリック・ホブズボウム／テレンス・レンジャー編『創られた伝統』前川啓治／梶原景昭ほか訳（文化人類学叢書）、紀伊國屋書店、一九九二年
(20) カール・J・フリードリッヒ『伝統と権威』三邊博之訳（政治の世界）、福村出版、一九七六年、一三―一五ページ
(21) 杉本鉞子『武士の娘』大岩美代訳（ちくま文庫）、筑摩書房、一九九四年、一一二ページ
(22) 柳田国男や有賀喜左衛門以外の代表的なものに以下の文献を挙げることができる。蒲生正男「日本の婚姻儀礼――伝統的社会の女性像に関する一考察」、福田アジオ／塚本学編『家・親族の生活文化』（「日本歴史民俗論集」第三巻）所収、吉川弘文館、一九九三年、白井宏明「婚姻成立までの習俗」、青山道夫／中川善之助編『婚姻の成立』（「講座 家族」第三巻）所収、弘文堂、一九七三年
(23) 上子武次「配偶者選択に関するこれまでの研究」、上子武次／原田隆司／門野里栄子／田中正子／佐藤繁美『結婚相手の選択――社会学的研究』所収、行路社、一九九一年、一三ページ
(24) 川島武宜『結婚』（岩波新書）、岩波書店、一九五四年、八ページ
(25) 小山隆「現代社会における婚姻の諸問題」、前掲『婚姻の成立』所収、三一〇ページ
(26) 姫岡勤「婚姻の概念と類型」、大橋薫／増田光吉編著『改訂 家族社会学――現代家族の実態と病理』所収、川島書店、一九七六年、七七―八二ページ
(27) 牟田和恵『戦略としての家族――近代日本の国民国家形成と女性』新曜社、一九九六年、西川祐子『近代国家と家族モデル』吉川弘文館、二〇〇〇年、デビッド・ノッター『純潔の近代――近代家族

と親密性の比較社会学』慶應義塾大学出版会、二〇〇七年
(28) 向山雅重『長野』(「日本の民俗」第二十巻)、第一法規出版、一九七五年
(29) 都丸十九一『群馬』(「日本の民俗」第十巻)、第一法規出版、一九七二年
(30) 和田正洲『神奈川』(「日本の民俗」第十四巻)、第一法規出版、一九七四年
(31) 前掲「婚姻成立までの習俗」二四八―二五七ページ
(32) 前掲『模範仲人読本』二〇―二五ページ

第1章　仲人をめぐる「民俗」——村落共同体のなかの結婚

1　仲人前史——村落共同体の習俗

「まずいちばんに人が気づかずにいるのは仲人という者の新たに現れてきたことである」[1]。柳田国男が一九三〇年代に記したこの言葉から出発しよう。

序章で触れたように、仲人を介した結婚こそを唯一正しい形式だと見なす慣習は、明治時代以降に身分を超えて広がったものだった。神島二郎も、「明治以後、結婚の方式でうんと変わった点といえば、仲人結婚が流行したことです。こういう方式は、以前にも武家や都会にはあったけれども、一般庶民や田舎の村にこれがひろがったのは明治中期以後と考えてよいでしょう[2]」と記している。となれば、仲人結婚が普及する以前、人口の九〇%を超える庶民層は配偶者の選択をどのようにおこなっていたのだろうか。そこで、まずは「仲人前史」をみていくことにしよう。

明治時代以前の村落社会では、仲人だけでなく、そもそも「見合い」という慣習自体があまり浸透していなかったといわれる。というのも、多くの人が一生を通じて地理的に移動することがほとんどなかった時代には、同じ村落内で結婚する「村内婚」が一般的だったからであり、わざわざ「見合い」や「仲人」の必要が生じなかったためである。

では、誰が結婚の媒介を担ったのか。村落共同体が強固な時代には、「若者仲間」と呼ばれる同輩年齢集団によって媒介されるのが一般的だった。村の若者たちは、若者仲間の年輩者から性の手ほどきを受けたり、「よばい」をおこなうことで、配偶者を見つけ出していったのである。民俗学者・瀬川清子の言葉を引けば、「昔の婚姻を真に支配したものは、若者仲間であった[3]」ということになる。

本章では、明治前後の庶民の婚姻習俗を概観しながら、仲人という存在がどのような社会背景のなかで普及してきたものかを明らかにしていきたい。民俗学の研究が示すように、明治期までの村落共同体には、多様な恋愛ないし婚姻習俗のあり方、さまざまな結婚媒介者の存在を確認することができる。こうした各地の習俗が新政府によって改変を余儀なくされる時代が明治であり、人々の結婚に対する規範意識が大きく変容した時期だったのである。

2　庶民の婚姻習俗

「よばい」という文化

日本の村落社会での求婚や配偶者選択の原型を語るためには、「よばい」と「若者仲間」の二つの要素に触れておく必要がある。

「よばい」（夜這い）とは、夜に男が女の住居に通って性的関係をもつことを意味する。男が勝手に女の家に入り込む――。こう聞けば、現代人の感覚では犯罪以外の何物にも受け取れない。しかし、庶民社会では長きにわたって配偶者選択の最も標準的とされていた方法がこの「よばい」だったのであり、「見合い結婚」よりもむしろこれこそが歴とした日本の伝統文化だったのである。いくつかの説はあるが、「よばい」はおおよそ鎌倉時代（一一八五―一三三三年）には村落共同体で定着したといわれている。そして、以後約六百年にわたって男女関係の基本構造の一つを形成していた。そのため、多くの地域では、嫁入りごろの娘をもっている民家では戸締まりをすることが共同体のなかで禁止されていたともいわれる。これは、若者たちが求婚のために自由に家に出入りできるようにしておくためであり、もし戸締まりをしている場合には若者が戸を破って出入りしたとしても罪にはならなかった。(4)

この「よばい」を最も詳しく論じている民俗学者が赤松啓介だろう。赤松によれば、明治から大正、昭和初期を生きた人たちは、「ムラの思考」のなかで生きていたのであり、「夜這いについても淫風弊習などと感じておらず、お互いに性の解放があって当然(5)」という状況だった（赤松は「夜這い」と漢字で表記している）。ちなみに、夜這いに限らず、離婚を大きく騒ぐこともなく、「三婚、四婚」も決して珍しいことではなかったという。

赤松によれば、村外婚が普及し、仲人や仲介業者が活動するようになるのは大正に入ってからのことであり、「三々九度の盃をあげる小笠原式の婚姻」が普及するのはさらにもっと後の時代だった[6]。赤松は、戦後の民俗調査や郷土資料などを批判の槍玉に挙げ、「いま民俗慣行として採取されているムラ、ムラの結婚習俗などせいぜい大正初めごろにできたもので、そんなに古いものでない。したがって殆んど全国的に同じような形式で、少しでも変わった部分がないかと探すのに苦労する[7]」と述べている。赤松によれば、こうした「ムラ」の性に関する慣習を変えたのが教育勅語に代表される明治政府の一連の政策だった。この点について彼は次のように述べている。

ちょうど教育勅語による汚染が浸透し始め、われわれ日本人は神代の昔から一夫一婦制と、処女・童貞を崇拝する純潔、清純な民族であった、などとありもしないことを真実のように教え始めていたのだが、しかしムラにも、マチにも、そんな嘘を真実と信ずるバカモノはおらず、昔のままの自由な社会がまだ展開していたから、私などはその境界で解放された性の世界を見たり、知ることができた[8]。

武家社会の儒教道徳を基盤とする教育勅語が制定されたのは一八九〇年（明治二十三年）のことであり、赤松はこれを境に人々の性や結婚を見る目が大きく転換したことを指摘する。そして、多くの人々にとって標準的な文化だった「よばい」は、しだいに「野蛮」なものとして排除の対象と見なされていくことになった。

この点に関しては、柳田国男も同様の指摘をしている（ちなみに、赤松は柳田を主要な批判対象にしていて、柳田が日本の歴史を語るうえで不可欠な「性」の問題をほとんど語らなかった点を批判していることも付記しておく）。柳田によれば、明治時代に入って、「家を唯一の根拠とした武家風の見方」が支配的になったために、古風な婚姻の様式や習俗は非難されるようになった。その結果、「多数の改め得る者は、挙って武家風の婚礼を採用した」が、「改め得ない者だけが、悪く言われるままに」なっていった。民俗学者の直江広治も述べるように、「こうした慣行の存在をさえ知らず、古来日本人の婚姻はすべて親によって決せられた如く信じ」る者たちによって、恋愛は「結婚後に徐々に育成すべきもの」と説くような教育者が明治時代になって現れた[9]。

こうした変化の背景には、日本の婚姻形態が婿入り婚から嫁入り婚へと推移したことが大きく関連している。近世以前の庶民の結婚では婿入り婚が一般的だった。婿入り婚とは、妻方で婚姻儀礼（婿取りの式）をおこない、その後最終的に妻が嫁として夫方に移り住むまでの期間、婚舎を嫁方にもうける婚姻方式をさす。いわゆる「婿養子」とは異なるもので、夫婦ともに帰属は当初から「夫方」にあり、おおよそ次のようなプロセスをとる。男性が親しい女性宅によばいをし、二人が婚姻の合意に達すると、男性は女性の親と「親子なり」の盃を交わす婿入りの儀礼をおこない、社会的に結婚が承認される。その後、妻が正式な嫁として夫方に迎え入れられるまでは夫が妻の家に通う「妻問い」をしたり妻の家で働いたりする。婿入り婚では、当事者の男女の実質的関係がすでにあり、婚姻の儀礼はいわば「追認」というかたちをとった[10]。

一方、嫁入り婚は、嫁入りの儀式をもって開始され、当初から婚舎が婿側の家に置かれるという形式である。武家階級の成熟とともに成長した婚姻形態であり、背景には儒教倫理に基づく男尊女卑的価値観の浸透があったといわれる。江戸時代（一六〇三—一八六八年）以降、嫁入り婚はしだいに地域によっては庶民層にも普及し、明治以降は日本の代表的な婚姻形態として定着した。そこでは、結婚が「家と家の結合」という意識が強調され、婿方の父親の意志が尊重される傾向が強い。配偶者選択における「見合い」の重要性が高まり、仲人を介しての結婚という形態をとることに特徴がある。配偶者の選択は仲人による紹介から始まり、見合いへと展開する。とはいえ、見合いはなく当人同士は祝言の当日に初めて顔を合わせることも多かった。婚約が確定すると、婿家から嫁家へ結納が届けられる。嫁は婚姻開始の儀礼である祝言当日に正装して婿家に引き移り、このときに盛大な披露宴が催される。[11]

このように明治になって地域を超えて庶民層でも婿入り婚にかわって嫁入り婚が支配的な婚姻様式として普及するに伴い、「よばい」などの旧来の性習俗が不道徳な行為と見なされるようになった。[12]だからこそ、「よばい」が唯一の配偶者選択の方法だった「ムラの人」たちのなかには、夜這いの禁止が政府から通達されると「どうやって結婚相手を見つければよいのか」と嘆く人も多かった。[13]たとえば柳田も、新たな青年団による改革運動について、「まずこれに反抗した者は娘仲間だったと伝えられる。わしらはどうなるのか、嫁に行くことができなくなるがと大いに嘆いた」[14]と記している。村落共同体を生きる人々にしてみれば、「よばい」だけが唯一の求愛や配偶者選択の方法だったのであり、それ以外の方法は見当もつかなかったのである。[15]

若者仲間による結婚媒介

この「よばい」と密接に関わるのが、先に挙げた「若者仲間」や「娘仲間」と呼ばれる若者たちが組織する同輩集団であった。繰り返しになるが、一八九〇年代（明治中期ごろ）までは、村落共同体での結婚媒介は仲人ではなく、こうした同輩集団を中心におこなわれた。

それでは、この集団はどのようなものだったのだろうか。多くの地域では、一定の年齢に達すれば男は若者仲間、女は娘仲間に加入することによって社会で「一人前」と見なされる慣習があった。有賀喜左衛門によれば、若者たちはこうした集団に入り、氏神祭祀や村の義務、労働に参与することで男性は「求婚資格」を、女性は求婚を受けるかどうかの「決定権」を獲得した。有賀もまた、「「よばい」などというといかにも品の悪いことのように思われておりますが、「よばう」という言葉は妻を求めるという言葉でありまして、婚姻を意味するのであります」[16]と述べたうえで、人々は若者仲間や娘仲間への加入によってはじめて「よばい」の権利を得たのだと記している。

ここでは、若者仲間を体系的に論じた民俗学者・中山太郎の研究も参照しよう。中山は、若者の同輩集団を「若者連」と総称したうえで、若者が若者連に加入するいちばん重要な理由が「妻帯に必要なる準備を修得する」[17]ことだったと記している。一定の年齢に達して若者仲間や娘仲間に加入した者は、一日の仕事を終えて夜中になると、男は「若者宿」、女は「娘宿」と呼ばれる寝宿に集まり、夜なべ仕事をしたり話に花を咲かせたりした。寝宿の訪問による「男女交際」は自由におこなわれ、親がこれを阻止することはほとんどなかった。若者仲間や娘仲間の最も重要な役目が結婚を志向した配偶者選択だったのであり、事実上の仲人の役目を果たしていたというのである。

　武家社会の慣行が浸透する以前は、こうした同輩集団の力が強く、結婚に対して親がもつ権限はそれほど強いものではなかったことを多くの研究が明らかにしている。柳田国男によれば、「家庭は一般にこの問題については控え目」であり、「性教育は、総括してこれを広い意味の同齢階級の手に委ねられている観があった[18]」。また、民俗学者の大間知篤三によれば、結婚は基本的に若者仲間の統制下に置かれていて、これを無視しては結婚が成立しないという村落がほとんどだった。婚礼も若者仲間の立ち会いがあってはじめて成立するものだった。特に、男女の寝宿があった地方では、結婚に関する問題は、完全に宿親ないし宿仲間に委ねられていて、彼らが結婚媒介から婚礼までのすべての役割を担っていたという[19]。

　こうして、村の青年男女の交際は比較的自由におこなわれることが許されていた。もちろん、「自由」とはいっても、実際には若者仲間や娘仲間の厳しい規律と干渉が存在し、「放埒無秩序な交際」は戒められていたことには注意が必要である[20]。それぞれの村落共同体の規則や秩序が重んじられ、それを破れば制裁を受けたのである。とはいえ、こうした年齢集団の婚姻統制力が機能していた地方では、若い男女の結婚をめぐる自主性は相対的に大きかった。

　交通も未発達であり通婚圏が限定されていた時代、農民や漁民のあいだでおこなわれる結婚のほとんどは村内婚だった。「通婚圏」の変化について詳細な調査を実施した民俗学者の瀬川清子によれば、関東地方の壬申戸籍に登録された幕末五十年間の婚姻千六十件のうち、自村と三里圏内での婚姻が八九・八%、三里以上十五里以内の通婚は八・五%、それを超える遠方婚姻はわずか一・七

％にすぎなかった。[21] 村外婚はほとんど存在せず、明治になってしだいに増加したことが明らかにされている。

以上述べたような、若者仲間による男女関係の統制は、結婚が村落共同体に強固に埋め込まれていたことに関係している。この点に関して、中山太郎の著書『日本若者史』には、村落を生きた人たちの性や結婚をめぐる世界観が生々しく描かれている。

まず重要な点として挙げておくべきは、村落共同体で、未婚の娘たちは基本的に「若者連の共有物」とされていたことである。そのため、結婚して特定の一人が相手を独占するためには、若者連の承諾が必要とされた。娘たちは、村内の男性には性的に従順であることを強いられた一方、村外者に対しては貞操を固守することが求められていた。もしこれに背けば村を追放になったり、暴力的な制裁を受けたりするのが当然だった。若者たちの承諾がなければ嫁入りさせることができなかった村がほとんどであり、「若者連の性に関する特権は、実に偉大なるものであった」[22]。

中山は、娘たちが「村の共有物」であったことを象徴的に示すような「蛮習」をいくつか紹介している。たとえば、新潟県のいくつかの地域には、一九一二年（明治四十五年）まで「盆くじ」という慣習があったという。この慣習は、村の若い男たちがお盆になると「くじ」を引いてお盆だけの期間限定の「妻」を村の未婚の娘のうちから割り当てるというものである。当然、そのあいだ、選ばれた女性は「妻」として男性たちの性交渉の相手にさせられた。娘たちの意向はまったく考慮されず、男性たちが定めたルールに従っておこなわれる慣行だった。「盆」を「性の解放日」と定め、盆にはどのような性関係をもとうともどこからも文句は言われなかったという地域は数多かった。[23]

若者連がいわゆる「初夜権」をもっている村も多数存在した。初夜権とは、嫁に行く女性の処女を奪う、夫以外に与えられた権利のことである。これも女性が若者連の共有物であったことを端的に示す例である。兵庫県淡路では、結婚式の前夜になると、花婿の親しい男友達三人が花嫁を「天神様」と名づけられた山へと連れ出す。花嫁は三人に対して性的な義務を果たさなければならず、それが終わらなければ家に帰ることが許されなかった。もちろん新郎のほうも、この儀式が終わらなければ花嫁を独占する権利がないことを承知していた。下北半島には「口とり」と呼ばれる慣習があり、これは結婚媒介を成立させた者だけに限られた「股の権利」だったという。

鎌田久子らの著書『日本人の子産み・子育て』にもいくつかの事例が紹介されている。房総半島の山間部の地域では、縁談が決まると、親は娘を連れて酒一升を持って若者組の頭の家に行き「ムスメにしてほしい」と依頼した。その背景にあったのは、キムスメ（処女）を嫁にもらうことは恐ろしいとする風習であり、当時「ムスメ」という言葉は「結婚準備完了の者」を意味した。また、福島県相馬地方には、「オナゴにしてもらう」という言葉があり、結婚の話が決まると村の宿老に「破瓜」を依頼する風習があった。こうした風習は、女性が処女であることが忌避され、「婚姻可能な成女」であることを公表する意味があったという。[24] 当時は、「処女のままでは結婚できない」という規範が多くの地域に存在したのであり、「処女でなければ縁談に差し支える」などといった認識は完全に近代以降に登場したものなのである。

現代のわれわれの目には野蛮にしか映らない習俗も、その是非はともかく、村落共同体を中心とした世界では標準的な文化として成立していた。こうした慣行が、明治期以降に野蛮なものとして政府から排除の対象にされた。この点に関しては、中山太郎もそれらが「蛮習」であったことを認めざるをえないと述べたうえで、同時に「斯う云ふ非難の起る原因は、現在の青年会に対する観念を以て、直ちに過去の若者連を律しやうとする誤解であると考へる(25)」とも述べている。中山は、女性に対する非道な扱いを若者連の「罪」として非難しながらも、「殊に結婚法が発達せぬ時代にあっては、斯うした事でその欠陥を補ふより外に致し方がなかった」のであり、「小学教育もなく、性教育もなく、更に職業的の媒酌人のなかった時代」には、「求婚の方法」として許しておかなければならなかったのだと弁護している(26)。婚姻や教育に関する制度が未発達な時代にあっては、若者仲間を通じた性・結婚の慣習こそが村落共同体では正しいあり方として存在せざるをえなかったというわけである。

明治時代の変化

しかし、明治時代に入ってから、一つには武家社会の儒教道徳の浸透によって、もう一つには遠方婚姻の普及によって若者仲間の権威は急速に崩れていった。交通の発達や市場経済の浸透といった「都市化」という社会構造の変動によって通婚圏が拡大し、ほかの部落に配偶者を探し求めることが徐々に一般化した。そうなると、これまでのように幼なじみや若者仲間などが結婚に口出しすることは困難になり、その一方で親や身内の結婚に対する利害関係が強まっていった。「家」の価値を示す「家格」という問題が人々にとって重要な関心事になり、おのずと結婚の自由が制限されていくことになった。柳田は次のように述べている。

配偶者の選択は最初は完全に自由であり、後にはいろいろの制限も生まれたとは言いながら、だいたい当人の自由を本則としていたことは、近頃までも変わりはなかった。それをまったく無視したような婚姻を、上品とも穏当ともいうことになったのは、実はよっぽど新しい風潮であって、盲目なる武家道徳の追随であり、また常識の衰頽だったとも言える。[27]

柳田に言わせれば、明治時代になって西洋から「個人主義」や「自由」という新しい理念が入ってきて、「自由は今度初めて与えられるもののごとく思う者」も多くいるが、事実はそうではない。近代化に伴い男女交際や配偶者選択の自由は奪われ、婚姻様式は画一化の一途をたどることになったのであり、柳田はむしろ「自由」が失われていくことを「常識の衰頽」と嘆いていた。さらに柳田は、「若者宿・娘宿の存在は、事情に盲目なる人によって、往々嘲笑せられようとしている現況であるが、実際はかえってこの宿というものの力をもって、婚姻の乱雑を防止し得たのであった」[28]とも記している。そのため彼は、こうした変化を「婚姻道徳の零落」、あるいは、「古来の協同性の敗北」[29]という言葉で表現した。こうした観点から、柳田は若者宿と娘宿のことを秩序を司る「婚姻の補導者」と呼んだのだが、その若者宿が明治中期になると逆に「悪徳の温床」と名指され排斥の対象になってしまった。

恋愛を契機としない村外婚では、結婚する両者の「身元保証」は家柄や学歴、地位などに求められるようになり、その縁結び役として仲人が急速に重要性を帯びてきた。このような時代変化のなか、柳田が示唆したように、仲人が新たな「補導者」の役割を課されることになるのである。明治期に出版された礼儀作法書にみられるような、「媒酌人は成るべく身分、見識、学芸とも、先輩として生涯仰ぐべき人物でなくばならぬ(30)」といった仲人に対する新しい意味づけがなされるのはこのころからである。近代以降の仲人には「気高さ」や「品位」が求められるようになった。

3　村落共同体の仲人

仲人の起源とその変化

では、村落共同体に生まれた仲人慣行とはどのようなものだったか。それは、従来から存在した武家社会の仲人慣行とは実のところずいぶん性質が異なっていたようである。柳田国男は一九三三年に著した『常民婚姻史料』で、「媒妁人の地位もまた確かに変化した。そうして今見るような卓上演説者は、その最後のものであった(31)」と記している。柳田によれば、「近代になって新たに要求せられた媒酌人」とは、「男も男、堂々たる村一流の顔役の、年齢もまたずっと飛び抜けた、父の朋友というような人ばかりで、それを頼まない婚礼は、一括して軽蔑されることになった(32)」。柳田は新たに登場した形式的な仲人のことをいささか皮肉も込めて、「卓上演説仲人」と表現しているのである。

仲人慣行が庶民に広く普及するのは明治以降だと述べてきたが、仲人の歴史そのものは古い。女性史研究の草分けの一人である高群逸枝が著書『日本婚姻史』のなかで仲人の起源に触れている（後年、彼女の歴史研究にはその実証性において多くの問題が指摘されていることも付記しておく）。結婚での仲人は武家が登場した鎌倉時代にすでに登場していた。高群によれば、室町・安土桃山時代（一三四〇年前後から一六〇〇年ごろ）の家長権の強化に伴い、「私通の禁止」が生じ、仲人の存在が「正婚か野合か」を区別する目印になったという。[33] 高群が挙げている一例を示せば、伊達氏が定めた『塵芥集』には、「媒人」なしで結婚すれば、「密通婚」として「強姦」と同様に厳罰を下すとあった。仲人は、結婚を政治的利益のために利用する武家社会で始まった慣行だったのである。

とはいえ、有賀喜左衛門によれば、仲人の地位や役割は、社会の上層と下層では異なるものだった。[34] 鎌倉時代以来、武士や豪農などの上層階級の嫁入り婚では仲人の社会的地位は、婚姻両家よりも低いのが普通だった。その役目は、「縁談のとりきめ」から、「結婚式の管理」に限られ、新夫婦の生活に関してはほとんど関わることはなく、せいぜい事務的な世話をするくらいのものだったという。そのため、仲人は「その家に服従する者」、もしくは関係が深い人々のなかから選ばれるのが普通だった。

一方、江戸後期に徐々に普及し始めた庶民層の仲人はそれとは異なる役割を担った。庶民の生活は、有力家にさまざまな面で世話になることが多かったため、必然的に結婚に社会的関係が反映され、仲人には、婚姻両家よりも社会的地位が高い人間が選ばれる傾向があった。縁談までは同じくらいの階層の者（いわゆるハシカケ）によっておこなわれたとしても、縁談成立後には地位が高い者をあらためて正式の仲人として立てる「二段階制」が発達したのである。こうした下仲人／上仲人の区別がない場合でも、仲人の役目は縁談を成立させることに始まり、結婚式をどのようにおこなうかという相談、式次第の進行を管理すること、さらには、結婚後の家庭生活に問題が起こった際の対応、これらを処理するだけの十分な「力」や「地位」をもつ人でなければならないと考えられたのである。

このように、武士の仲人と庶民の仲人にはいくつかの点で差異があることが指摘されている。このような違いの要因は何か。有賀喜左衛門は、仲人結婚の普及は、生活条件の変化に起因するものだったと指摘している。有賀によれば、「農民婚姻は単に武家婚姻の模倣によるものではなくて、それ自身の生活基盤と密接に結合し、生活条件の変化に応じて、婚姻形態が変化するものである」[35]。庶民の仲人結婚は、「武家の模倣」と「生活条件の変化」のどちらか一方によるということではなく、両者の絡まり合いのなかで形成されたものだった。有賀が述べるように、村落社会に仲人の慣行が浸透したとき、その役割や機能は武士階級のそれとは異なっていた。すなわち、村落社会の生活条件に合わせた仲人慣行の浸透がみられるのであり、この点についても注意深くみておく必要がある。武家社会で発生した仲人は、その機能や役割が村落共同体の条件に適応するようにして定着していったのである。

各地に普及する仲人慣行

明治政府の主導のもと、武家社会の慣行が全国的に普及していくことになるが、民俗資料をみていくと、すでに江戸後期にも媒介人に関する慣習は庶民社会に存在していたことがわかる。民俗学者の宮川満によれば、江戸後期には、武士の慣行は、武士以外の庶民でも上層部にもある程度は普及していたと考えることができる。農村でも、豪農など上層部では配偶者選択のための「見合い」は江戸時代にはすでに広まっていたという。庶民でも上層部では家同士の「釣り合い」こそが結婚の重要な要件であったものの、ムラの内部で釣り合う相手を獲得することは非常に困難だったため、比較的早い段階から若者たちによる配偶者選択の方法を拒否し、見合いをおこなっていたことが明らかにされている[36]。

実際、明治政府が民法を制定するにあたって、全国各地の庶民慣習を集めて編纂した『民事慣例類集[37]』と『全国民事慣例類集[38]』でも結婚の「媒介人」についての記述は登場している。『全国民事慣例類集』の「媒介人」の項では、各地の媒介人慣行が基本的には「二段制」であると記してある。そして、実際に相手を探し周旋する者は「下媒介人」、その後の結婚式で中心的な役割を担う「身分人望アル者」が「本媒介人」であるとしている。以下にいくつか列挙してみよう。

媒介人は、双方に一人ずつ置く慣例である。下媒介人によって周旋・協議がおこなわれ、約束が成立したら別に本媒介人を置き、表向きの締結をおこなう。下媒介人は、約束が整うまで

の義務であり、婚姻より後のすべての義務は本媒介人にある。（三河国額田郡[39]）

媒介人のない婚姻は、たとえ夫婦のかたちがあったとしても、倫理に違うものして、蔑視する習慣である。（遠江国佐野郡[40]）

媒介人を仮親と呼び、婚姻については父母に代わってそれを管理する。（近江国坂田郡[41]）

媒介人は双方に一人を置く慣例である。契約が決まってから別に座敷仲人と呼ばれる婚姻礼式に慣れた者を選んで式をおこなう。これを仲人親と呼び、生涯にわたり夫婦の面倒をみる義務がある。（美濃国厚見郡・各務郡・方縣郡[42]）

婚姻には媒介人がいなければならない。もし媒介人なくして婚姻する者は、人倫の式を履まざる者としてこれを賤しむ慣例である。（筑後国三瀬郡[43]）

このように多くの地域で仲人の二段制がとられていて、仲人の存在が正しい結婚か否かを判別する基準になっていた。これらは村落共同体の生活構造・権力関係と強く結び付くものだった。

親方子方と仲人親

農漁業を生業とする村落共同体では、本家・分家の関係や地主・小作人の関係が社会生活の基本構造であった。そして、これらは「親方子方」（または親分子分）と呼ばれる関係を基礎としていた。有賀喜左衛門は、「親分子分、または親方子方の関係は日本の社会構造を理解するために、最も基礎的な社会関係の一つである」[44]と述べている。仲人の慣習もまた、この親方子方関係と密接につながっていたのである。ここでは、日本社会で重要な社会関係であった「親方子方」について簡単に触れておこう。

日本の村落には「親子なり」と呼ばれる慣習が存在していた。「親子なり」とは、実の親子ではない者同士が、一定の手続きを経て親子関係に類似する社会的関係を結ぶことを意味する。ここでの親は一般的に「仮親」と総称された。そして、「親子なり」によって形成される序列関係が「親方子方」と呼ばれるものである。「親方子方」に関しては多くの研究が蓄積されていて、さまざまな議論があるが、簡潔に説明するならば、「子方」が親方への従属と引き換えに親方から庇護されるという関係を意味する。すなわち、子方は労働力をもって親方に奉仕し、親方は生涯にわたって子方を公私両面で援助し、子方の社会的足場を確かなものにした。社会・経済的な安定を目的としたこのような親方子方関係は終生にわたり続くことが多く、世代を超えて継続したのである。

親方子方に関連して、柳田国男は『常民婚姻史料』のなかで、全国各地に存在した仲人親の慣習を整理している。[45]仲人親の呼び名は、「ヒキツケナコウド」「アンドウキリ」「ゴシナンサマ」「キュウジニン」「サイノカミ」「タイコタタキ」など多種多様だが、基本的には、結婚を通じて仲人と夫婦家族が「庇護・奉仕」の親方子方の関係を形成していたことを明らかにしている。社会的上級者が仲人になることで結婚が可能になり、この恩を媒介して継続的な主従関係が成立したというわけである。

この主従関係は親子関係に擬制され、ナコウドは、「ナコウドオヤ」「カネオヤ」「親分」などと呼ばれた。また、仲人は自分が媒介者として結婚させた者からしばしば「おとうさん」と呼ばれた。こうした関係を結ぶことで、仲人は自分の小作人などに対する隷従関係を補強でき、さらに自分の「人的範囲」を拡張し、社会での威信を高めることができる。一方、子分はこうした関係を結ぶことで、有力な親分の庇護のもとに入り、その派閥集団に属することで社会的に力をもつことができた。[46]

ここで論点を整理しておこう。武家を発祥とする仲人慣行は、村落共同体の生活条件に適した形式に変化しながら庶民のあいだに定着していった。仲人は、共同体の生活原理をある程度、補強していく部分もあったわけだ。単なる主従関係というよりは、庇護・奉仕の関係による村落の秩序や人々の安定した生活を維持する一つのシステムとして機能していたのである。

4　文明と野蛮

「若者」から「青年」へ

明治に入って若者仲間と娘仲間は急速に力を弱めていくが、これを決定的にしたのが政府の政策である。ここでは、明治期以降の仲人の規範化について、政府の側の動きに着目しよう。明治に入ると政府の主導によって、地方・農村に存在した多様な婚姻習俗が国家の政策のもとで一元的に刷新されていった。

民俗の「刷新」を企図した新政策にとって重要な役割を担ったのが、一八九〇年代（明治二十年代）以降に活発化した青年団の活動である。社会全体の「風紀改良」を最大の目的に掲げ、内務省と文部省によって主導された青年団指導や民俗刷新運動は庶民の生活、風習を劇的に変革していった。こうした活動は、各町村が従来のように村落内部での限られた機能に安住するのではなく、新しい地方行政の単位を担うようになることを目的としておこなわれたものだった。

村落共同体での地縁的集団だった若者仲間は、新たに「青年団」という名称のもとに再組織化され、地方自治のなかへと組み込まれた。そして、この団体には国家主義を支える基盤としての役割が与えられていった。この「若者仲間」から「青年団」への再編成は、表向きは「風紀の改良」や「文明化」のかけ声のもとにおこなわれたが、それだけには収まらない意味をもっていた。政府は、新たにつくられた青年団を媒体に、「家族国家観」を軸にした天皇制イデオロギーを共同体に深く浸透させていったのである。(47)

一九〇六年（明治三十九年）に、内務大臣が「地方自治と青年団体」という小冊子を全国に配布したが、それが農村の自由な「よばい」慣行を「風紀を乱すもの」として禁止した最初のものだったといわれる。(48) 江守五夫によれば、「自由結婚の習俗に対する抑圧は主としてこの習俗の担い手たる若者集団にたいする批判という形をとって展開したのである」。(49) 新政府は、若者仲間が近代的な学校教育を妨害するものだと喧伝し、その解体が必要だと声高に主張した。そのほか、各地の教育雑誌で、「旧習」や「弊習」の根源である若者仲間が学校教育の障害物として否定的に語られるようになり、その社会傾向の延長線上に「青年団」が登場したのである。

ここで押さえておきたいのは、これらの活動が「啓蒙」あるいは「文明化」といった大義名分のもとでなされたことである。青年団の組織化に大きく貢献し、「青年の父」とも称された山本滝之助の言葉がそれを象徴している。彼は一八九六年に『田舎青年』を著し、都市化が進むなかで逆境に苦しんでいる「田舎青年」を救うために立ち上がった。その際、山本は青年の特性を「国家の継続者」と位置づけている。山本にとって、村落共同体的な秩序のなかに生きる若者たちは、「国家」という観念を欠き、「終始卑談猥話」をしている堕落した人間たちだった。そんな若者の自覚を促すことこそを、山本は「救済」だと考えたのである。

山本の社会改良運動は、帝国主義政策のなかで「地方改良」の原理を求めていた内務省・文部省の双方から注目されることになり、彼は補習教育や通俗教育の実践的リーダーとして認められていく。[50]村の若者は、教化機関として新しく創出された青年団に所属させられたが、彼らは学生に代表される「青年」と区別して「農村青年」「大衆青年」などと呼ばれていたという。同時期に軍隊生活が村の人々の生活のなかへと組み込まれることによって、「徴兵制度がすめば一人前」という新しい国家的な「一人前」の基準と国家的道徳が行き渡り、伝統的「一人前」像を駆逐した。こうして、国家によって青年という「国家の若者」が作り出された。政府は、若者仲間の解体を指揮し、村に生きる若年層を村落共同体に代わって国家が管理・統制するために、青年団という新たな組織で囲い込んだのである。

若者仲間の解体に伴って地方に存在したさまざまな婚姻習俗が、「危険」あるいは「旧来の無意味の団体」といった負のラベルを貼られ、排除の対象になっていった。一方、青年団の活動を通じて儒教的な家族道徳や「家族国家」の思想が鼓舞され、若者たちは親に仕えるようにと教育されていった。

必然的に、結婚に対する父母の発言力も増大し、若者同士による「自由結婚」は非難の対象になり消滅に向かう。このような時代変化のなかで、婚姻や性道徳を司る役割は、徐々に共同体的規制から離脱していった。「家」の論理が重視され、それを司る〝補導者〟は仲人によって担われていくのだった。

民法編纂と仲人

明治初期の政府や知識人にとって、喫緊の課題は、日本が近代国家として西洋列強国へ仲間入りすることにあり、とりわけ欧米との「不平等条約の改正」がその最優先課題であった。政府は条約改正のために、文化面でも「一流国」たることを証明しなくてはならず、西洋の基準に従ってさまざまな風俗や文化の刷新を強いることになる。一連の文明開化政策は、不平等条約の撤廃を主な目的におこなわれたものである。

当時の日本にとっては、文明国家として世界に認められることが、列強諸国に植民地とされないために必要不可欠な道と考えられた(51)。婚姻制度の不備や離婚率の高さも解決すべき重要な課題とされていて、「離婚大国」という「汚名」を返上し「文明国」であることを示すことが急務であると認識されたのだった(52)。こうして、新しい「文明」の基準によって従来の慣習は「野蛮」と再定位されていったのである。

この点に関して、典型例としてよく挙げられるものが「混浴」の禁止である。銭湯や温泉地の混浴は、明治時代になって「世界に恥をさらす悪習」として排除の対象になった。混浴禁止は、一八六八年に新政府が東京・築地を外国人に開放するために混浴禁止令を発布したのを皮切りに、全国的に広がっていく。ほかにも、混浴と並ぶものとして槍玉に挙がったものが「盆踊り」である。多くの歴史・民俗研究が明らかにしているように、盆踊りというイベントは「乱交の祭り」であった。年に一回、盆踊りの日には、既婚未婚の人間を問わず、村の人々は自由に誰とでも、あるいは複数の相手と性関係をもつことができた。盆踊りとは、このような性的なイベントだったのである(53)。たとえば、七三年八月には島根県で、「文明の今日、あるまじきこと」として盆踊り禁止令が通達されている。その後も、全国各地で盆踊りは風俗や秩序を乱す犯罪的なイベントとして警察の取り締まりの対象になることも多かったという。[54] ちなみにその後、盆踊りは文部省の管轄による教育的なイベントとして復活し、現代に至っている。[55]

話を結婚に戻せば、近代的な国民国家を樹立するにあたって、「国民」を統制し把握するために、安定的な婚姻の確保こそが明治政府の重要な課題だった。政府は、明治初年から始まった長きにわたる編纂作業を経て、一八九八年（明治三十一年）に民法を公布し、「家」を単位とする戸籍制度を確立する。そして、この時期に近代日本のその後を決定づけるさまざまな結婚制度や規範の骨格が確立していったわけだが、これは特に形式としての仲人結婚が一般民衆に浸透していく時期とも重なっている。各地方や農村に存在した多様な婚姻習俗が国家の政策のもとで一元的に刷新されていったのである。

そのため、この時期、旧来の若者仲間はしばしば「家」と対立して衝突を起こすようになった。家制度が浸透し、結婚での個々の家の利害が重要度を増すにつれて、家側が若者仲間の干渉を排除しようとしたからである。このような対立は、結婚が共同体の規制から離れて、家の統制下へと移っていく過渡期の現象だったといえるだろう。そうして当初は仲人結婚に対する反発や蔑視がみられた農村でも、徐々に仲人結婚のほうがより正統的な婚姻様式として規範化されていくことになり、今度は反対に、仲人がいない結婚を蔑視する風潮が形成されていったのである。[56]

民法の編纂過程における法典調査会で法学者・穂積八束が「百姓の慣習は慣習とすべからず。士族とか華族とかに則らねばならぬ[57]」と説いたと言われるとおり、政府の側では、武士の儒教的慣習を、庶民生活のさまざまな領域に「正統なもの」として押し付けていくことが企図されていた。武家伝統を保持しようとする「守旧派」には、平民を「変な下等動物」と呼ぶ者さえいて、「上等社会」の家族慣行こそ国家制度たる民法の基本に置くべきだという意見が多数を占めた。

一方、江戸期の武家社会の道徳教育を代表する『女大学』には、「女は父母の命と媒酌とに非ざれば交わらずと小学にも見えたり、たとえ命を失うとも、心を金石の如くして義を守るべし」[58]（第三章）という記述がある。民法が武家社会の儒教道徳・慣習を踏襲しようとしたことを思えば、民法の条文にも「媒酌人」に関わる記述があってもいいはずだった。だが、明治民法の条文には、結婚に媒酌人を立てることを規定する条項もなければ、そもそも「媒酌人」という言葉さえ一切記載されていない。

となれば、「政府はなぜ媒酌結婚を法で規定しなかったか」という疑問も生じる。注目しておくべきは、民法制定にあたって媒酌人を法で規定しようという動きが確かに存在していたことである。鹿野政直『戦前・「家」の思想』によれば、民法編纂過程の初期に、江藤新平らが提出した『民法第一人事篇』（一八七二年）には、「媒酌人ナクシテ婚姻ヲ為ス可ラス」[59]の条が記載されていて、同じく一八七二年（明治五年）に司法省明法寮の民法会議で編纂された『皇国民法仮規則』の第一巻「人事篇」の条文にも、婚姻届には「媒酌人の姓名等」（第二十四条）を必ず記入すべきという規則が盛り込まれていた[60]。さらにみていくと、八三年（明治十六年）に『婚姻条例』という書物が刊行されていて（実際に法規として施行されたものではない）、その内容は、婚姻に関わる規則を定めた全十条からなる。その第八条が「婚姻は必ず媒酌人を要す」となっていて、「婚姻上媒酌人を要すとは古よりの慣例なれば今更に此条を喋々するを俟たずが如しと雖も近来世間の結婚者を観るに愛情互に相通し意気互に相投じたるもの遂に相対の契約を以て結婚をなし媒酌人に依らずして夫婦となるもの甚だ少なからず実に不都合なる次第ならずや[61]」という記述がある。続けて「斯くの如く媒酌人なきの夫婦は兎角一家の風波絶へずして、終には離縁の沙汰とな」ると決めつけていて、媒酌人がいない結婚は「危険」とまで述べられている。

このように、政府が婚姻制度を確立していくなかで媒酌人を法制化しようという動きは確かに存在した。しかし、実際の民法には一切媒酌人に関わる記述はない。これにはおそらく理由がある。阪井敏郎は、明治民法の制定の際、「法律で規定できない面」として「結婚は媒酌婚か自由婚か」という問題があったことを指摘する。[62]儒教道徳に基づく婚姻様式を民法で規定できなかった背景には、「個人主義」という逆らいがたい理念の台頭があったのである。

となれば、媒酌結婚は、法的権力とは異なるかたちで、日常生活レベルで国民へ浸透していったといえるだろう。「媒酌人のいない結婚は野合」という規範意識はどのような過程のもとに生成されたのか。明治期には、新たな文明の時代にふさわしい「礼儀作法」を論じる書物が多く出版されたが、こうした書物群が人々の新しい規範意識を醸成する重要な媒体だったと考えられる。その点を続く第2章で詳しく検討していきたい。

注

(1) 前掲「婚姻の話」一四五ページ

(2) 神島二郎『日本人の結婚観――結婚観の変遷』(講談社学術文庫)、講談社、一九七七年、二七ページ
(3) 瀬川清子『若者と娘をめぐる民俗』未来社、一九七二年、三一〇ページ
(4) 中山太郎『日本若者史』日文社、一九五六年、一四五―一四六ページ。ほかに、有賀喜左衛門は次のような長崎県の集落を例に挙げる。「三、四十年前(昭和十年現在より)までは村の娘は絶対に若者の支配で、娘宿でも若者の遊びに来るのを拒むこともできず、戸を閉めたりすると、「なして娘は泊らするか」といって戸を破ったり、入口のショベンタゴに悪戯したりした。彼らの恋愛は親もどうすることもできなかった。これに反対する頑固な親は屋根葺はもちろん葬儀祝儀にすら手伝ってもらえず、組ハナシ同様となった」(有賀喜左衛門『婚姻・労働・若者』〔「有賀喜左衛門著作集」第六巻〕、未来社、一九六八年、一〇四ページ)
(5) 赤松啓介『夜這いの民俗学・夜這いの性愛論』(ちくま学芸文庫)、筑摩書房、二〇〇四年、三五ページ
(6) 同書三五ページ
(7) 同書二一六ページ
(8) 同書二一七ページ
(9) 前掲「婚姻の話」二三四ページ
(10) 市川孝一「結婚式の時代的変化」、依田明編「特集 結婚の情景――あなたはなぜ結婚しますか?」「現代のエスプリ」一九八七年一月号、至文堂、七五―七八ページ
(11) 同論文七五―七八ページ
(12) 江守五夫によれば、「ヨバイ」の慣行は、結婚生活に入ることを前提としていて、「単婚原理」に貫

かれている点で、単なる性的放縦ではなく、むしろ義務的な配偶者選択制度ともいうべきものだった。したがって、①年齢階梯的な社会構造、②家族の規制力からの隔離、③女性に対する暴力の禁制という三つの原理に支えられていたのである。村落共同体に階層分化が著しくなり、家長の権限が拡大し、武士層の慣習が農村に普及するにつれて仲人に「席を譲った」という（江守五夫「日本の伝統的な婚姻形態について」、江守五夫編集・解説「特集 日本の婚姻――伝統と習俗」「現代のエスプリ」一九七六年三月号、至文堂）。

(13) 前掲『若者と娘をめぐる民俗』五三八―五三九ページ

(14) 前掲「婚姻の話」七五ページ

(15) 多仁照廣『若者仲間の歴史』日本青年館、一九八四年、六四―六七ページ

(16) 有賀喜左衛門『家と親分子分』（「有賀喜左衛門著作集」第九巻）、未来社、一九七〇年、八二ページ

(17) 前掲『日本若者史』一四六ページ

(18) 前掲「婚姻の話」一四六ページ

(19) 大間知篤三「日本結婚風俗史」、前掲「現代のエスプリ」一九七六年三月号、三四―四九ページ

(20) 直江広治「婚姻」（開国百年記念文化事業会編、柳田国男編集委員『風俗』〔「明治文化史」第十三巻〕所収、原書房、一九七九年）二二三ページを参照。この点については、牟田和恵も次のように述べている。「農村をはじめとして人々が性を享受していたことは、前近代の村落共同体がセクシュアリティに関して無規範だったことを意味するのではない。村落内には厳しい共同体の規制があり、未婚の娘の性交渉は、村の若者のあいだでは複数であっても問題ないが、他村の若者との接触は村の若者の制裁の対象だった。若者組はその規範の執行者でもあった。しかし明治国家による規制は、より

一元的に、階層横断的に日本の社会をおおうことになったのである」（前掲『戦略としての家族』八〇ページ）

(21) 瀬川清子『婚姻覚書』（講談社学術文庫）、講談社、二〇〇六年、五八―五九ページ。村内婚と村外婚については、岡田あおい「婚姻と家システム」（黒須里美編著『歴史人口学からみた結婚・離婚・再婚』所収、麗澤大学出版会、二〇一二年）も参照されたい。徳川時代の会津山間部の婚姻を対象に、村内出身男性の初婚は約九〇％が村内婚であること、また、村外への婚姻の広がりが主に女性の移動によって成り立っていたことなどを明らかにしている。

(22) 前掲『日本若者史』一六四―一六五ページ

(23) 石川弘義／野口武徳『性』（「ふぉるく叢書」第二巻）、弘文堂、一九七四年、七六ページ

(24) 鎌田久子／宮里和子／菅沼ひろ子／古川裕子／坂倉啓夫『日本人の子産み・子育て――いま・むかし』（医療・福祉シリーズ）、勁草書房、一九九〇年、一四―一七ページ

(25) 前掲『日本若者史』一七二ページ

(26) 同書二三五ページ

(27) 前掲「婚姻の話」一三九ページ

(28) 同論文二四〇ページ。この論文の解説で谷川健一は次のように述べている。「いったん正式の結婚をすると、それまでのよばいの習慣はぴったりととまってしまう。よばいでは、男も女も何人も相手を変えるが、結婚すると堅気な夫婦になり、浮いた話の仲間に入ることができない、というのはふしぎなことのようにみえる。しかし、それは、正式の結婚によって男女ともに村の秩序に組み込まれてしまうことを意味している。村の秩序は夫婦を単位とした家庭を破壊することはゆるされない。しかし、婚前交渉を大目にみることは、若者にある種の流動性と活気を与え、村の秩序を老化させること

を防止するものなのである」（谷川健一「解説」、前掲『柳田國男全集』第十二巻所収、二二九ページ）。谷川はこれを村落に形成されていた「道徳」だと述べている。

(29) 前掲「婚姻の話」一六五ページ

(30) 国民礼法調査会編『国民道徳を中心としたる礼儀作法の理論と実際』明誠会、一九一二年、五〇七ページ

(31) 柳田國男「常民婚姻史料」（一九三三年）、前掲『柳田國男全集』第十二巻、六〇〇ページ

(32) 同論文一四七ページ

(33) 高群逸枝『日本婚姻史』（日本歴史新書）、至文堂、一九六三年、二二六ページ

(34) 前掲『婚姻・労働・若者』一五ページ

(35) 同書一五ページ

(36) 服部誠によれば、その後、「農民の階層分化が進行し、家制度が定着する中で娘遊びが廃れると、見合いはそれに代わる手段として一般庶民の間にも拡大することになった」（服部誠「恋愛・結婚・家庭」、八木透／山崎祐子／服部誠『男と女の民俗誌』〔「日本の民俗」第七巻〕所収、吉川弘文館、二〇〇八年、二二三―二二七ページ）。

(37) 長森敬斐ほか編『民事慣例類集』司法省、一八七七年

(38) 生田精編『全国民事慣例類集』司法省、一八八〇年

(39) 同書一一〇―一一一ページ

(40) 同書一一一ページ

(41) 同書一一四―一一五ページ

(42) 同書一一五ページ

(43) 同書一二二ページ
(44) 前掲『家と親分子分』三一一ページ
(45) 前掲「常民婚姻史料」六〇〇―六〇七ページ
(46) 前掲、川島武宜『結婚』
(47) 前掲『若者仲間の歴史』。新しい「青年」という言葉が社会で一般化するのは、およそ一八八〇年前後（明治十年ごろ）だった。このころになると、それまで少数の士族や富裕層の子弟の呼び名としてあった「青年」の呼び名が庶民階級にまで広げられることになり、青年教育が国を挙げて叫ばれるようになった。
(48) 阪井敏郎『家族社会学』法律文化社、一九六六年、二一七ページ。ちなみに、一九一〇年（明治四十三年）四月二十六日、名古屋で初の青年大会が開かれたが、そこで唱えられた「青年団規十二則」には、「忠君愛国の精神を養うべき事」、「国体を重んじ祖先を敬うこと」などと並び「互いに善行を励み風紀を正しうし、善良なる郷風を作ることに心懸くべきこと」、「公衆衛生を重んじ、各自の健康を保たんことに注意すべきこと」などの規則が記されている（篠原禄次『地方青年団体の組織及事業』実業之日本社、一九一一年、一九ページ）。
(49) 前掲「日本の伝統的な婚姻形態について」二六ページ
(50) 田嶋一「共同体の解体と〈青年〉の出現」、中内敏夫ほか『教育――誕生と終焉』（叢書 産む・育てる・教える 匿名の教育史）所収、藤原書店、一九九〇年
(51) 百瀬響『文明開化 失われた風俗』（歴史文化ライブラリー）、吉川弘文館、二〇〇八年
(52) 鹿野政直『戦前・「家」の思想』（「叢書・身体の思想」第九巻）、創文社、一九八三年、四八ページ。ルイス・フロイスは『ヨーロッパ文化と日本文化』（岡田章雄訳注〔岩波文庫〕、岩波書店、一九九一

年）四九ページのなかで、「ヨーロッパでは、妻を離別することは、罪悪である上に、最大の不名誉である。日本では意のままに幾人でも離別する。妻はそのことによって、名誉も失わないし、また結婚もできる」と記している。

(53) 下川耿史『盆踊り――乱交の民俗学』作品社、二〇一一年、二一〇―二一一ページ

(54) ちなみに下川は、秋田県や岡山県の瀬戸内地方では一九七五年前後まで盆踊りには性関係がつきものだったという証言を紹介している。戦後まで長らく盆踊りが性的な行事であった地域も存在したのである。

(55) 稲垣恭子「若者文化における秩序と反秩序――盆踊りの禁止と復興をめぐって」、稲垣恭子／竹内洋編『不良・ヒーロー・左傾――教育と逸脱の社会学』所収、人文書院、二〇〇二年

(56) 少し時代はあとになるが、川島武宜によれば、昭和に入ってからも新しく登場した仲人結婚に対する軽蔑や反発が存在した村落は多くあったようである。川島は柳田国男との対談のなかで次のようなエピソードを紹介している。川島が、戦時中に三重県の志摩安乗村で調査をおこなった際、農村の人から「都会の人はおかしいじゃないか、一生連れ添う相手を人に世話してもらうなんて、そんな甲斐性のないことでどうするか」と説教されたという。続けて、「この村では離婚など聞いたことない、たまたまあるとすれば、仲人のとりもった他所者との結婚だと自慢して聞かせてくれました」と語っている。仲人結婚が浸透していない村落には新しい婚姻様式に対する反発・蔑視の感情が強かったことがうかがえる。柳田國男／川島武宜「婚姻と家の問題」、『柳田國男対談集』（筑摩叢書）所収、筑摩書房、一九六四年、一六三ページ

(57) 平野義太郎『日本資本主義社会と法律』（「平野義太郎日本資本主義研究」第二巻）、法政大学出版局、一九七一年、九一ページ

(58) 貝原益軒『女大学』柏原清右衛門、一八四八年、四四―四五ページ
(59) 前掲『戦前・「家」の思想』四九ページ
(60) 利谷信義編『皇国民法仮規則』(「日本近代法史研究資料」第一巻)、東京大学社会科学研究所、一九七〇年
(61) 内藤久人編『婚姻条例』駸々堂、一八八三年、一五ページ
(62) 前掲『家族社会学』二一五ページ

第2章　文明化と仲人――明治・大正期における「家」の結婚

1　明治期における媒酌結婚の規範化――礼儀作法書を読む

仲人の規範化

明治期の新聞記事をみていくなかで興味深いのは、さまざまな災難にあう媒酌人の姿が描かれていることである。詩人・大町桂月が著した『女学生訓』のなかに、「媒介人は余り有難き役に非ず。よく行けば、さっぱり有難く思われざるが、よくゆかぬ時は、あの人の媒介ゆゑにこんな苦しい目にあへり、不仕合に陥れりと、両方より恨まるるもの也」(1)という記述がある。「仲立ちは逆立ち」ということわざに象徴されるように、媒酌人が背負う労苦はきわめて大きく、恨まれることも多かったのである。

この時期には、結婚をめぐって起きた殺人や自殺、詐欺事件などが新聞記事で数多く取り上げられている。「読売新聞」の記事には、たとえば、縁談の失敗のため責任を感じて自分の小指を切断する媒酌人（一八七六年五月四日付）や、自分が媒酌した夫婦の離婚話を苦に自殺する媒酌人（一八七六年六月三日付）、さらに縁談の失敗や夫婦のトラブルのために、仲人が自分が媒酌した者によって殺されたり、刺されたり、放火されたりする事件が掲載されている。(2)

こうした新聞記事で確認できるように、媒酌人はさまざまな困難に巻き込まれている。その一方、序章で紹介した男の話に示されるように、媒酌人は人々の「羨望」や「尊敬」の対象にもなりつつあった。明治期には「家」への価値づけが高まることで結婚が神聖化され、同時に「出雲の神様」と形容されるように、媒酌人もまた聖なる存在にまで高められた。明治期には、媒酌人を「画一化」し、「聖化」していくような動きが存在した。前章でみてきたような、上層と下層、都市と農村で大きく異なっていた結婚媒介のあり方が見直され、唯一正しい結婚モデルとして媒酌結婚が推奨されて、新たな社会規範が生成されたのである。

本章では、明治期から大正期の媒酌結婚の規範的言説を分析する。「媒酌結婚」が、唯一「正しい結婚」として多くの人たちに認識されるようになったのはなぜか、その「正統性」の生成過程を解明していく。当時の出版物を資料として、媒酌結婚がどのような理念だったのかを探ってみたい。また、出版された書物や雑誌、新聞の言説を分析対象とし、媒酌結婚が「正統」なものとして立ち現れる諸相を明らかにしたい。

儒教道徳と結婚

明治期以降、社会広範に普及した媒酌結婚についてのまとまった先行研究としては川島武宜の著書『結婚』があるが、そこでは主に仲人の「機能」や普及の「社会的要因」を詳細に検討している。川島は、この婚姻様式が普及した社会的条件として「男女の社会的隔離」を挙げ、儒教的な価値体系に基づくこの原則が「敗戦までは日本における文化形態であった」[3]とし、戦前の結婚を一括して「不自由結婚」と呼んでいる。とはいえ、媒酌結婚を単に「不自由結婚」と呼んですませることにも問題はある。もちろん、戦後の民主主義的な価値観から振り返れば、それは封建的で不自由な結婚であったにちがいない。しかし、すでに明治期から「自由」や「個人主義」といった近代的な理念の重要性は結婚の文脈でも広く語られていて、むしろ江戸時代までの武家結婚を「封建制度」として否定する論調も決して少数派ではなくなっていた。

そこでいま一度、武士の「封建的」とされた結婚観を確認しておくことにしよう。江戸時代までの封建的結婚観を象徴的に示すものとしては、江戸中期に女子教訓書として広く読まれた『女大学』（著者は貝原益軒とされる）がある。このなかには、女性と結婚に関する規則を記した有名な「七去」がある。

七去とは次のとおりである。第一に「舅姑に順はざる女は去るべし」。つまり、女性は嫁いだ先に従順であることが求められる。第二に「子なくは去る」。妻を娶るのは第一に子孫存続という目的のためであり、子がなければ女性は離縁される。とはいえ、「妾に子あらば妻に子なくとも去に及ばず」とあり、自分が産まずとも妾が産んでくれるならば問題ないとも記される。手段を問わず「家」の存続が結婚の第一の目的とされたことが表れている。さらに、第三に「淫乱なれば去る」、第四に「悋気深ければ去る」、第五に「癩病などの悪き病あらば去る」、第六に「多言にて慎なく物いひ過すは親類とも中悪く成り家乱るるは物なれば去るべし」(4)、第七に「物を盗心有るを去る」と続いている。

この「七去」は、当時の男尊女卑的な結婚観を端的に示したものといえる。特に、第二の「妾」に関して補足しておくならば、明治に入っても武士慣行を踏襲していた上流層では「一夫多妻」が当たり前におこなわれていた。山川菊栄は『武家の女性』(「女性叢書」、三国書房、一九四三年)のなかで明治初頭の状況について次のように記している。

多少身分のある家なら、妾のいない方が不思議がられるくらい、それは一般的なものであり、自分の家に妾のいるのも、妾腹の子が何人もいるのも珍しくない場合が多いので、そういう中に育った娘たちには、それほど不快な、不合理なこととも思われずに、むしろ当然のこととして受け入れられていたのでした。(略)妾が何人いても、それを統制し、服従させて、家の中にごたごたを起こさせないのが賢婦人だとされていました。ある家老の家では妾が四人いて、しかも奥さんが立派にそれを操縦してつけ上がらせず、家を平和に治めたというので、女の鑑といわれていました。(5)

男性が妾をもつことはほとんど否定されることはなかった。それどころか、妾に嫉妬せず調整できる妻こそ「女の鑑」とされた。キリスト教文化圏からやってきた外国人の目にも、このような妾の慣行は驚くべきものとして映っていた。たとえば、明治後期に華族女学校（のちの学習院女学校）の教師として来日したアメリカ人アリス・ベーコンは、日本の結婚の特徴として、「永久性の欠如」（離婚・再婚が当たり前）と「一夫多妻」の二つを挙げている。(6) 森岡清美は、『明治十一季四月調 戸籍草稿』という文書から華族の娶妾率を割り出しているが、それによれば、公家華族の五二・四％、武家華族の五五・八％が妾をもっていた。(7) 初代内閣総理大臣の伊藤博文には多くの妾や愛人がいてそれを何ら隠そうともしなかったことは有名な話だが、伊藤に限らず政治家をはじめ社会の上層部では一夫多妻がごく当たり前に存在していたのである。

しかし、こうした封建的な武士道徳が明治になって以降もそのまま踏襲されたかといえば、必ずしもそうとはいえない。もちろん、一八九〇年代（明治二十年代）以来明治政府が、教育政策や法整備を通じて武士的な儒教道徳の普及に努めたのは事実である。しかし、それは単純に武士道徳の押し付けだったかといえば、事実はいささか異なる。たとえば、明治・大正期に活躍した新聞記者の小畸三郎は次のように述べている。

所謂強制的に、その間何等の愛をも宿さず、結婚当夜の一瞥に至純の愛は宿るものなりと思惟する日本の強制結婚は（略）人生の最大不幸にして又一大惨事ならずとせむや（略）血迷ひせる哉、日本の所謂強制結婚を、万国無比天下第一等と思惟して随喜の涙に咽ぶチョン髷者流の日本主義結婚者や。[8]

また、明治期に最も影響力があった思想家の福沢諭吉は、子の結婚に際し親が「よき家柄なりとて無理に娘に説き勧め、否と答うれば我儘者なりと叱り付くるが如きは、我が子の縁談を餌に用いて、父母の利益を釣る者というべし」と述べ、それは表向きは「縁談」でも、「当人の気の進まざるものを強いるのは、その実これを娼妓に売るに異ならず」として「本人の意志」[9]を無視した結婚を強く非難していた。

このように、福沢が封建思想を痛烈に非難し、「男女交際」普及の必要を説いたのをはじめ、当時社会に多大な影響力を有した知識人の多くが、『女大学』に代表される儒教道徳の「男女隔離」思想を「旧弊」として批判の槍玉に挙げ、「男女交際」の発展を推奨・普及することに努めていたのである。[10]

この時期に、「家族主義」が鼓舞されるその一方で、台頭してきた「個人主義」の理念があったことは無視できない。西洋文明との接触の結果生じた、この二つの思想的対立・矛盾、そしてこれらがどのように折衷ないしは調和されていったのか、という点こそ本書の問いを解明するうえで重要な視点である。戦前の家制度もまた、近代的理念をまったく無視していたわけではなく、近代国家の樹立に向けて、「自由」や「個人」といった新たな理念に配慮して注意深く制度がつくられていった。媒酌結婚を単純に「不自由結婚」と見なせば、この制度化の複雑な諸相を看過することになりかねない。以下では、こうした視角から「媒酌人のない結婚は野合である」という規範を検討する。

2　媒酌結婚をめぐる規範的言説

「文明化」とは何か

明治とは「文明開化」の時代であり、「啓蒙」の時代だった。序章でも述べたように、この「文明化」の推進のなかで媒酌結婚は規範化されていく。では、「文明化」とはどのようなことを意味するのか。この点を詳しく確認する必要がある。

明治期に「文明化」とは何を意味していたのだろうか。政治思想史の専門家である渡辺浩によれば、明治期には、「civilization は野蛮・蛮行の克服であり、人々が洗練され、向上して、より優れたものになっていくこと一般」を意味していて、その手段として「礼儀」の発展が重視されたという。[11]たとえば、明治の代表的な思想家である西村茂樹は、「明六雑誌」掲載の論考「文明開化ノ解」で、「文明開化トハ英国ノ語ニシテシヴヰリゼーショント云ヘル語ノ訳ナリ。支那人ハ此語ヲ訳シテ礼儀ニ進ムト為ス。我邦ノ俗語ニ訳スレバ人柄ノヨクナルト云コトナリ[12]」と記している。つまり、西村によれば文明開化とは「礼儀の発展」を意味する言葉だったのである。この点からも、「礼」に注目して媒酌結婚と近代の関係を検討することは妥当だといえるだろう。

ここで、社会学理論での「文明化」の議論も参照しておきたい。ドイツの社会学者ノルベルト・

エリアスは、十八世紀の西洋社会を対象とし、そこで進行した「文明化」とは、「自分の社会の下流階層が、この過程を達成するもの[13]」、すなわち、上層階級の生活様式のモデルが下層にまで広く浸透することだと定義している。さらにエリアスは、「文明意識」という言葉を用いて、それを「自分たちの風俗が優れているという意識、科学、技術、もしくは芸術の水準となって自分たちの風俗が具体的に現れているという意識」と説明する。「文明」は、単に制度面ではなく日常生活での「実感」をも含むものだと指摘するのである。

こうした文明化・文明意識の登場は、明治期日本でも確認できる。具体的にいえば、明治以前の上層階級であった武士の慣習こそを「美徳」や「正統」と見なし、地方村落や下層階級に定着していた習俗を否定し、改めようという「上からの」はたらきかけである。この場合、「文明開化」「啓蒙」とは、「野蛮」な習俗を生きる下層民衆を上層社会の慣行へと組み入れることを意味した。すなわち、社会階層の上下に基づいた「文明／野蛮」図式である。この点に関連して、歴史学者の鹿野政直は、「家制度の確立に伴う擬制としての〝上流〟の設定は、「正」の側に位置づけられる存在の具体像の提示を意味し、その対極に「負」の側に位置すると意識される存在を浮かび上がらせる[14]」ものだったと指摘する。社会の上流／下流に照らして文化の正／負が創出されたのである。

しかし一方で、西洋とは根本的に異なる日本独自の「文明化の過程」を特徴づける要素もあった。それが「西洋」という存在にほかならない。すなわち、「文明化」とは、これまでの日本的な慣習を「旧風」または「東洋風」の「野蛮」と設定し、代わりに洗練された西洋的「文明」を浸透させせることも意味した。つまり、東洋的伝統の否定のうえに西洋の摂取を主張する「文明／野蛮」図式である。

このように、近代台頭期の日本で、「文明化」には理念として二つのモデルが存在し、知識人の論争の多くは、根底にこの二つの思想的対立を内包するものだった[15]。前者はいわば「国粋主義」的文明化、後者は「欧化主義」的文明化と呼びうるものである[16]。村落の習俗は二つの文明化モデルの双方から「野蛮」として無視される運命にあったのだ。この点に関して、政治学者の松本三之介は、明治に時代を推進していった精神構造を、大きく「国家的精神」「進取の精神」「武士的精神」の三つの要素に分類している[17]。第一の国家的精神とは、明治に登場した「国家の利害にかんする強い関心」のことであり、思想の傾向を問わず、どの論者にも共有されていた態度をさしている。第二の「進取の精神」とは、新しいものを良しとし、積極的に摂取していこうという精神であり、主に西洋文明を摂取していく態度をさす（＝欧化）。第三の「武士的精神」は、さまざまな捉え直しを通じて旧時代の武士的人間像を継承しようという精神である（＝国粋）。

三つ目の武士的精神に関して、松本はさらに大まかに二つの方向性で継承されたことを指摘している。一つは、政府が推進する「臣民道徳論」との結合という方向である。これは、「わが国古来の「慣習」とか「淳風美俗」という名の下で、じつは旧武士層の家族秩序が理想的家族像として政府により公認され家制度の範型とされるに至った」ことなどに表れた。もう一つは、国家を担う「自立的な個人」の「気概」や「品性」の源流として再生される方向であり、「士族の精神」を新たな時代の公共性や政治意識の源泉として評価しようという考えだった。「欧化」と「国粋」の二つが「国家的精神」を体現するうえでどのような役割を担っていたのか。本章での研究対象である媒酌結婚に関してもこのような視点が重要になるのである。

「欧化」と「国粋」の融合――二つの事例から

近・現代日本の家族や結婚をめぐる価値観・規範を理解するうえでは、この二つのモデルの衝突と融合という視点がきわめて大事である。少々脇道にそれるが、理解の手助けのために、ここで結婚に関わる二つの事例を挙げておこう。

一つ目に挙げる例は、「結婚した夫婦は同じ姓を名乗る」という夫婦同姓原則である。現在、世界的にみても「夫婦は同じ姓を名乗る」ことを強制する法律をもつのは日本だけである。韓国のように儒教伝統の父系血統を重んじる社会では、日本とは反対に「夫婦別姓」、より厳密にいうならば、父から受け継いだ姓を変更することはできないとする「姓不変の原則」が存在する。だが、多くの国では同姓、別姓、あるいは複合姓のいずれかを選択することが法的に認められている。一九九〇年代以降の日本では、選択的夫婦別姓制度の導入が議論され続けていて、これに反対する論者がしばしば挙げる理由に「日本の伝統を破壊する」というものがある。しかし、夫婦同姓原則は、明治になるまでは存在せず、基本的には西洋キリスト教のファミリー・ネームの発想を模倣して明治民法で規定されたものである。「欧化」的な夫婦同姓を摂取しながら、これが「国粋」的な家族道徳と結合して、独特の戸籍制度が作り上げられた。

二つ目の例として結婚式を挙げておこう。今日、日本の結婚式のスタイルは、おおよそ神前式、キリスト教式、人前式の三つに分類することができる（仏教式もあるがその割合は少ない）。おそらく多くの人は次のように理解しているだろう。神社で和装を着て執り行われる古くからの伝統的な結婚式が「神前式」であり、そのあとで徐々にキリスト教式のチャペル・ウエディングが広まった。そして、最近になって特定の宗教や形式にとらわれない親族や友人たちの承認を中心にする「人前式」が増えつつある、と。

しかしながら、もともと日本の結婚式には「神に誓う」という慣行は存在しなかった。第1章でも確認したとおり、伝統的な結婚の多くは村落共同体に埋め込まれていて、結婚式も共同体の承認によって成立した。現在とはだいぶ毛色が違うとはいえ、いうなれば「人前式」だったわけだ。その後、明治時代になって、西洋からキリスト教式の結婚式が輸入され、これが文明的なスタイルとして紹介された。実は、神前結婚式は「欧化」の波のなか、このキリスト教式を模倣してつくられたものである。文明的で洗練された結婚式を日本でも確立しようという動きのなかで、「小笠原流」という伝統様式を取り込みながら、いわばキリスト教式の「日本版」として生まれたものなのだ。さらにいえば、神前結婚式は、戦前にはほとんど普及しておらず、一部の上層階級でだけおこなわれたものにすぎない。これが大衆化するのは高度経済成長期のことである。梅棹忠夫が一九六一年に次のように記している。

まず、神前結婚がへりつつあるかというとそうではない。むしろ逆に、最近ひじょうにふえている。縁むすびの本家の出雲大社だって神前結婚がこんなにおおくなったのは、この数年間の現象だという。もちろん戦後のことである。戦前にもあったけれど、その数は問題にならなかった。[18]

また、社会学者の志田基与師によれば、国家神道が否定された戦後、神社が生き残りを図るために見いだした一つの活路が結婚式だったという。皮肉なことに、戦後の民主化による国家神道の解体こそが神前結婚式の普及を促したというわけである。[19]

われわれの「伝統」の多くが、このように明治期の「国粋」と「欧化」の融合によって形成されている。ここで検討していく媒酌結婚の普及プロセスもまた、単純に「武士慣行の押しつけ」という「国粋主義」の側面だけでは理解できない。「欧化」という相対立する主張をも内包した複雑な言説空間のなかで形成されたものだったのである。

「伝統」と「文明」

結婚を「文明化」という観点から検討するため、ここではエリアスの手法にならって、礼儀作法を論じた一連の書物を取り上げたい。結婚は礼儀と密接に関わるイベントであり、人々は、「礼儀」という規範を媒介にして「正しい結婚とは何か」を認識する。その際、人々にとって心理的有効性を発揮したのが「文明」という言葉だった。エリアスは、「文明化」の概念は、実態としては不在のアウトサイダーを新たに創出する一種の装置であることを指摘している。明治期の日本では、文明的なマナーの獲得が「野蛮」ないし「不浄」なものに対する人々の差別意識を生み出した。当時の著名な女性教育者である下田歌子の簡潔な言葉を借りれば、「礼は文明の尺度[20]」だったのである。

とはいえ、興味深いのは、多くの知識人が「西洋＝文明」という図式で思考していた時代ではあったものの、「文明」という言葉が、単に媒酌結婚を非難する者だけでなく、それを肯定する者にも自身の主張を正当化する根拠に用いられていた点である。この時期、「文明」という言葉は欧化政策に批判的な保守論者にも、「西洋＝文明」以外の認識で肯定的に用いられていた。

たとえば、保守的な婦人啓蒙雑誌として知られる「女鑑」では、「自由結婚」批判を次のように展開している。まず、「所謂自由結婚の弊」という論考では、自由結婚は「自由放縦の結婚」であり、「野蛮の遺俗」であり、「未開」社会の慣習[21]だとしている。人類の進歩に合わせて結婚が進化してきたのに、再び「禽獣」の領域へ戻ろうと提唱するなど愚かだ、という論理である。また、自由結婚を「禽獣のおこないだ」と非難した前述の藤田一郎は、「今の自由結婚を唱道する者は全く文明の道義を破壊し野蛮蒙昧の時俗に導かんと欲するものなり。彼の欧州大陸諸国に此遺俗の行はるるは取りも直さず古代の蛮俗を脱却する能はざるなり。然らば即ち自由結婚なる者は人類自然の正理に戻り社会文明の教義に戻る者なり[22]」と述べる。すなわち、藤田は、「自由結婚」なるものは「文明」以前の野蛮な習俗であって、欧州の国々が自由結婚をおこなっているのは「野蛮」を脱却できていないからだという主張を展開している。このように、武士伝統の推進こそを「文明」的と考える論者も多く存在していたのである。

こうした「文明」というワードと並んで、媒酌結婚の規範的言説のなかで重要なのが「伝統」や、その種の言葉である。

婚姻に於て尤も必要なるものは媒酌人なり。我国の礼古より媒酌人なきはなし。然るに近頃西洋の風に泥み自由結婚など称へさも誇り顔に手を携へて双々離るべからざる一体となる輩あり甚しきは自ら之を行ふのみならず公に青年男女に此風を諂むるものあれど我国にては斯の如きを指して禽獣と卑しむ。(23)

序章でも確認したように「古より」あるいは「伝統」として語られるものは、多くの場合何らかのイデオロギーと無縁ではない。その際「伝統」とは、歴史認識の欠如のもとで「伝統」と断定されるものだが、こうした「伝統」が、実際に社会規範を形成し、人々の生活を規定するような権力性を有していることも無視できない事実である。

当時の書物では、「結婚は家族と家族の結合なることを知らざるべからず。（略）家族制度の国家に於いては、結婚は個人の結婚なると同時に家族の結婚なれば、両者の家風、家憲、地位、門閥等も当然考慮の中に加ふべきもの(24)」といったように、何よりも結婚が伝統的に家族本位のものであることが執拗に主張される傾向があるが、肝心な点は、その多くが「西洋の結婚」と対比して語られていることである。以下にいくつか例を挙げよう。

日本人が民族として又国家として、強く盛んな根本は、矢張り忠孝を基とした家族制度の上にあるのであるから、いくら個人主義が、個人の進歩発達に適して居るとは云へ、国体の根本をまで破つて新主義を採用すると云う訳には行かない[25]。

結婚に父母の命と媒介がなければいかぬと云ふ事は勿論である。かの西洋に於ては結婚は個人主義である。東洋は民族主義である。彼に於ては恋愛を神聖なりとし、これなき結婚は一種の罪悪であると云つてゐる。此にありては重きを民族の繁栄に置き、従つて結婚の重大要件は家柄である。所謂自由結婚は野合視されてゐるのは偶然ではない[26]。

このような言述から見て取れるように、「西洋＝個人主義的結婚／日本（東洋）＝家族主義的結婚」という二項図式がいささか安直に創出されているのである[27]。そして、媒酌結婚は、日本の「伝統的」な結婚様式であり、「美風」なのだとされ、家族主義の結婚を尊重すべきと説いている。

下田歌子は『婦人常識の養成』で、日本の結婚は西洋のような「勝手次第なものではありませぬ」と述べ、「血統を正し、家系を重んじた習慣上から、その子孫をして祖先の祭を断たぬ様、せしむる為といふことゝ、並に種族の繁栄と発達と、及び一家の監督者整理者たらしめんが為[28]」におこなわれてきたのだという。「昔」から「日本」では、先祖のために、子孫のために、国家のために結婚がおこなわれてきたのだという「伝統」を強調し、続けて次のように述べる。

唯今は、西洋文明が入って来た結果として、是迄あつた所の、日本の結婚制度の外に、個人主義の西洋思想が加はりました。それで、この両方の考が衝突して、種々むづかしいものになつて参りまして、西洋文明に育つた青年男女は、やれ恋愛神聖だとか、自由結婚が真理だとか云はれる様で御座います。昔からの習慣で、斯う云う事は、日本の人はあまり口にしたくない。何うも男や女の間の事を、あまり麗々しく喋舌り立てゝ居る人は、是までの日本人の考へから云ふと、不行儀な、人格の卑しい人の様に思はれて、何だか嫌な気がいたしますので御座います。[29]

すでに前章で紹介した民俗学の研究、あるいは江戸期までの民衆の男女関係や性習俗が、ルイス・フロイスなどの来日した西洋人を驚かせたほど開放的だったという事実を考えれば、ここで語られる「昔からの習慣」が何をさすかは明白だろう。当時「伝統」という名で語られたものはどれも武士の慣行にすぎないのだが、下田の言説に典型的にみられるように、「伝統」に従うことが、礼にかなった「文明」的な所為だというロジックによって家族主義的結婚が正当化されたのである。

一見、この「家族主義対個人主義」という二項図式は自明のようだが、西洋の「自由結婚」思想の輸入によって、はじめて日本の結婚が「家族主義」であるという紋切り型の自画像が生まれたにすぎない。「文明」という言葉の登場が「野蛮」の概念を生み出すように、「家族主義」という言葉が人々の意識に立ち表れたのもまた、西洋から「個人主義」の理念が入ってきたあとのことだったといえるだろう。

序章でも紹介した歴史学者のホブズボウムらは、近代化に伴う社会変動によって、旧来の伝統が現実社会との整合性を失い、その結果、それに代わり旧来のモデルや儀礼を用いながら、新たな社会に適合した「伝統」が再構築される現象があることを指摘している。ホブズボウムらによれば、「創り出された伝統」とは、「通常、顕在と潜在とを問わず容認された規則によって統括される一連の慣習であり、反復によってある特定の行為の価値や規範を教え込もうとし、必然的に過去からの連続性を暗示する一連の儀式ないし象徴的特質」を意味し、「伝統というものは常に歴史的につじつまのあう過去と連続性を築こうとするもの」である。「新たな目的のために古い材料を用いて斬新な形式の創り出された伝統を構築する」[30]という彼らの指摘は、明治期の媒酌結婚の制度化にも適用することが可能だろう。こうしてもろもろの出版物を通じ、政治的条件に適合する「伝統」観が人々に押し付けられた側面は見逃せない。

近代日本の出発点でも、西洋近代に生まれた制度の移入・受容がみられる一方で、選択的受容や伝統文化の駆逐によって、新たな装いや意義を付与して存続していくような文化があったのである。媒酌結婚の奨励も、近代化による「伝統」の復活という、ある意味では逆説的な過程の一つだったといえるだろう。伝統は、意図的であれ無自覚であれ、現在の秩序に適合した歴史、つまり都合のいい過去の忘却によって創出されるものなのである。

「文明」と「伝統」は、一見相反する言葉のようだが、ここでは、媒酌結婚が「伝統」を身にまといながら、「文明」的結婚として正当化されたという興味深い事実が明らかになるのである。

「野合」と「野蛮」の対立

とはいえ繰り返しになるが、新たな結婚規範は単純に武家の儒教的伝統の押し付けではなかった。一八九四年（明治二十七年）に刊行された婦女道徳を説く書物『婦人のてかがみ』は、「下等社会の礼儀なき族などに在りては、父母の命も、媒妁の言をも待たず、自由勝手に、互に相選びて、婚を結びしもの沢山にありし」として、媒酌人がいない自由結婚を「下等社会」の野蛮な婚姻慣行だと非難すると同時に、「今自由の結婚を論ずるに当り、絶対的に非難するものにあらず[31]」とも述べる。一連の書物を調べると、注目すべきは、西洋的な「自由結婚」に対する非難と同時に、個人の意志を無視した結婚を「旧風」「強制」「非文明的」と非難する言説が多々みられる点である。

たとえば、著名な教育学者だった三輪田真佐子は、「父母の許し」がない「野合は道徳の許さざる所」と批判する一方、「財産」とか「門地の高下」によって親が「独断にて子の配偶者を選定せんか非文明的なるものを免れず[32]」と主張している。農業教育を専門とする東京帝国大学の講師だった村上辰午郎も、「殊に野合の如きは道徳上許さない所である。なれど、父母が独断にその子の配偶者をさだむるは野蛮の所為と非難せねばならぬ[33]」と述べている。「自由結婚＝野合」と厳しく非難すると同時に、本人の意思を無視した家や親だけの都合で決められる結婚は「非文明的」あるいは「野蛮」だと非難する、一見矛盾とも思える言説が数多くみられるのである。

こうした「矛盾」を解消するためにどのようなロジックが表れるか。それは、「家族主義」と「個人主義」の両者を尊重せよ、という言述である。次の小説家・伊藤銀月と政治家・三上忠造の言葉などはその典型例といえるだろう。

家を本位にすると云うことは、日本の国体に叶った誠に好いことで、此の美風は是非保存していきたいものであるが、全然個人の上を考へないと云うのも宜しくない。（略）だから結婚をするには一方に於て家と云ふことを思ひ、一方に於て個人の身の上を考へなければならぬ。（略）結婚にも家族主義と個人主義の両本位を執るようにしなければならない。[34]

父母の専断に任じて、性情相知らざるものと結婚するが如きは、野蛮の風なり。（略）彼の国の自由結婚は、個人本位の社会組織に基づくものにして、我国の父母選定は家族本位の社会組織に因る。（略）極端なる自由結婚主義は、絶対に我国の社会組織に合わず。而も極端なる父母選定主義は、夫婦不和一家紛擾の基なり。凡て物は中庸を尊ぶ。[35]

このように、「自由結婚」でも「強制結婚」でもない結婚が探求されるなかで、正当化のために動員されたのが「媒酌人」という言説である。「父母の同意」と「個人の意思」の両者を尊重し、「相たがひに交際をし合ふて居るなかで、改めて媒妁を立てて縁を結ぶようにしたいのである」[36]とか、「自由結婚などいひて、父母の命をもまたず、直接の談合により娶る事往々あり。これらはあるまじき事にて、仮令都合により直ぐに相談するとも、必ず父母の許しを得て後、相当の媒酌をもたのみ、身分相当に式をあぐべき事なり」[37]というように、形式的であろうとも「媒酌人」を立てることが理想とされるようになる。つまり、「自由結婚」という言葉が指し示すのは、媒酌人がいない「野合」であるということである。

このような認識によって、媒酌人は結婚に欠くべからず存在になり、「親の意志＝家族主義」と「本人の意志＝個人主義」の両者を尊重するうえで、象徴的な機能を果たしていたことが確認できる。傍証的ではあるが、戦前期の婚姻慣行を調査した地方郷土誌での次のような記述からも、全国に浸透していた媒酌結婚規範の「形式性」が裏づけられるだろう。(38)

恋愛結婚は、クッツキアイと呼ばれ、（略）軽蔑的にみられたようである。ただし、どうしてもということになれば、きちんと人を立て見合いの形式をとり式を挙げた。(39)

親が許さなければ駆け落ちする。仲人がそそのかして、既成事実をつくり、その後、嫁方の両家家族の説得にあたるのもある。そんなにいいんならしょうがないということになり、たいていは許される。同輩のものがふたりをとりもつということはない。(40)

親が反対する男女が結婚しようとする場合、男が女の同意を得て結婚してしまい、後から女親の方に仲人を立てて怒りを沈めさせてしまうことがあった。(41)

恋愛結婚は「畜生縁組」などといわれて、公には認めてもらえず、こどもが生まれるまでは実家にも帰れないこともあった。（略）恋愛結婚の場合にはタノマレナコウドといって、その親類の人などが頼まれて仲人をした。[42]

こうした規範の要点は、「媒酌人」の介在が「正しい結婚」の条件であるという点だろう。つまり、「媒酌人の存在」が「正統な結婚」の必要条件として規範化されているのである。[43]媒酌結婚を規範化する言説が、「家族主義」と「個人主義」の調和を説いているという事実から、媒酌人の存在の有無は、結婚する者の「意志」や「恋愛」が社会的・家族的に承認されたものであるか否かを判別する、ある種の「指標」になっていたと考えるべきだろう。たとえ形式的であっても媒酌人を介在させることで、「個人の意志」や「恋愛」が社会的承認を得ていることを外形的に示すことができたという事実から、媒酌人とは、「個人」を抑圧ないしは否定するというよりも、「個人の意志」を「社会的なもの」へと昇華し、「恋愛」の社会的承認を示す存在だったといえるだろう。[44]

以上、ここでは「文明化」の概念を手がかりに、媒酌結婚の規範的言説を検討した。「家族主義」という伝統の創造の過程で、仲人結婚もまた伝統的婚姻様式として正当化された。西洋から入ってきた「自由」の理念に対応するなかで、それを否定もせず肯定もせず、新たな解釈を施しながら、そして人々の慣習や伝統にも訴えながら、もともと武家のものだった媒酌結婚は「新たな装い」をまとって変容を遂げ、近代国家に適合的な様式として人々のあいだに規範化されていったのである。

3　大正期の「恋愛結婚」と仲人

次に大正期の状況をみていこう。結婚はともかく「恋愛」そのものを肯定する声はすでに明治期に芽生えていたが、その勢いは大正期になっていっそう強まっていった。もちろん、理念と実態は大きくかけ離れていた。明治民法が公布された一八九八年（明治三十一年）以降、実態としては「自由結婚」が減少し、大正から昭和戦前期にかけては全結婚の八〇％から九〇％までが見合い結婚で占められていた。[45] それでも、言説レベルでは、恋愛はもはや単純に否定できるものではなくなりつつあり、個人の意志を無視した「政略結婚」や「強制結婚」が否定的に語られるようになっていた。

それでは、恋愛の価値が広範に認められるなかで、媒酌結婚がそのあとも強固に維持されたという〝矛盾〟をどのように解釈すべきだろうか。ここでの分析では、恋愛を否定することなく、同時に既存の社会秩序との調和を図るために、どのような論理で媒酌結婚が規範的に語られたのかを解明したい。というのも、恋愛をどのように肯定するかというロジックを検討することが、媒酌結婚の規範が強固に保持されたことを解明する手がかりになるからである。

恋愛至上主義の隆盛

大正期になると、恋愛結婚を頭ごなしに否定するような論者は「守旧派」や「時代遅れ」と見なされた。たとえば、一九二一年（大正十年）に評論家の生田長江（本名・生田弘治）は以下のように述べている。旧時代の「家族主義全盛の時代にあっては、恋愛それ自体が一個の「不義」でありました。今日では流石に、恋愛それ自体が一個の「不義」であると云ひ張るほどの守旧家はありますまい。少くとも知識階級にはありますまい(46)」。

やや時代は先になるが、一九三一年（昭和六年）に婦人評論家の山田わかは「本当の意味の結婚は恋愛結婚であるべきだと云うことに付て、今頃、異議を唱える人はないでせう」と述べ、「媒酌結婚と云ふと、当然、そこに見合ひと云ふことが起こってきます。が、此の頃の若い人達は「見合いだなんて馬鹿馬鹿しい」と大抵は云ひます(47)」と書いている。また、同年に書かれた柳原白蓮の論考「恋愛賛美論」の冒頭には次のような一節がある。

> 恋愛賛美論なんてバカに大きなしかもふるめかしい題をかかげましたものの、どうやらひどくむずかしいことになりそうです。なぜといって、一九三一年代《ママ》では、恋愛を賛美しない人などまず、ありそうにも思われないからであります。（略）さてそうなると、この命題は、いきおい、どんな恋愛をこそ特に賛美するか、というようなことになるのではないでしょうか(48)。

生田長江が、「少くとも知識階級には」と留保をつけているように、実際のところ一般の人々にどれだけ恋愛結婚の理念が共有されていたのかは定かではない。いわゆる「守旧派」を揶揄するために、生田や白蓮らがあえて極端な表現を選んだ可能性も否定できない。しかし、実態はともあれ、このような語り口が大正期の潮流をなしていたことは疑いえない。

以下では、こうした言葉を手がかりとして、大正期以降にいったいどんな恋愛が肯定されたのかを分析の軸に置き、明治後期から昭和初期ごろまでの「恋愛結婚」と「媒酌結婚」に言及した言説を分析する。そして、恋愛を肯定的に語る論理の内側に、「媒酌結婚の規範化」を促すような逆説的な契機が存在していたことを示したい。

媒酌結婚と恋愛結婚は対立するか

媒酌結婚の正当性を支えた思想とその規範的論理を明らかにするために、最初に戦前期の「恋愛結婚」と「媒酌結婚」の二者関係を検討していくことにしよう。

明治後期になると、保守的な論者たちのあいだでも「恋愛」は必ずしも否定すべきではないと語られるようになる。保守的性格が強い明治期を代表する婦人啓蒙雑誌「女鑑」[49]（一八九一―一九〇九年）は、その刊行以来、一貫して「自由結婚」に批判的な論考を掲載していた。しかし、その「女鑑」でさえも、一九〇七年（明治四十年）にもなると、「単に家と云う観念のみを重んじ、個人を軽視する風」は、「国家の発達を妨げるもの」[50]という記述が登場してくる。そこでは、「従来の風習で両性が相知ると云ふは結婚の当日」で「相互に心持どころか容貌だによくは知らぬ」として、旧式の媒酌結婚を否定的に語っている。

こうした言説の勢いは大正期にいっそう強まる。倉田百三や厨川白村、岩野泡鳴といった恋愛を称賛した作家たちの著作がベストセラーになった事実がそのことを示している。[51]「半獣主義」を唱え自らそれを実行した作家の岩野泡鳴は、「自由恋愛の意義と社会関係」と題した評論で、自由恋愛の重要性を論じている。岩野は、「恋が盲目であるなどと歌ったのは昔のことで、今日では恋は十分に目を開いてすべきことになっている」と述べ、「文明国と云はれる国々のうちで、今日恋愛抜きの結婚を平気で行ふ男女があるのは、恐らく、わが国だけだらう[52]」と説き、日本社会を痛烈に批判した。「各方面から観察した男女の貞操」という論考では、「見合い結婚の後にも恋愛が生ずるものだというやうな事を頼みとするのは、無自覚な男女が公然と野合をしているのである[53]」と論じ、むしろ見合結婚こそが「野合」なのだと説いている。

「自由結婚」への批判

では、明治末期から大正期に、言論の場で「いったいどんな恋愛が賛美されたのか」に注目してみよう。足がかりとして、当時を代表する法学者で東京帝大教授の牧野英一の一九二一年の言葉を参照したい。

婚姻なる制度は、愛なる事実をしてその社会的使命を全うせしめる所以のものである。されば、愛が真実に確実であるならば、その愛は、婚姻の社会的使命を全とうせしむるに違いない。

此の意味において、確実なる愛は、公の秩序、善良の風俗に適合し、淳風美俗と一致せねばならぬものである。(54)

牧野によれば、恋愛というのは結婚の基礎となる「社会的使命」である。彼は恋愛を肯定している。しかし、その恋愛とはあくまで「公の秩序」と結び付くものに限られる。しかも「淳風美俗」という儒教伝統に一致すべきものだと説いている。同時に牧野は、「自由結婚」を否定していて、「若い人の考へる所を調節して、社会の進化に宜しきを得しむるの途を求めること」が「国家の任務」だと主張している。

もちろんこれは一例にすぎないが、このように「恋愛」を二分法で語り、恋愛を何らかの公的なカテゴリーと結び付けながら肯定するという言説は、明治後期以降の多くの文献に見いだせる特徴である。大まかにいえば、この時代には、恋愛を肯定する議論では、「正しい恋愛」と「正しくない恋愛」の二つが区別され語られていたことがわかる。

そして、大正期以降はその傾向がより顕著になる。大正期の「モダニズム」を代表する雑誌「女性」での一九二四年（大正十三年）の「特集 自由恋愛批判」と二七年（昭和二年）の「特集 恋愛は婦人最上のものか」から、知識人が語る「恋愛」の意味を探っておこう。

和田富子は、「恋愛は実に熱烈で霊感的で畏しいもの」と述べたうえで、「純潔なきところに真の恋愛」はなく、「理想なき恋愛、人格的至醇に至らぬ恋愛は、真の意味に於ける恋愛に遥かに遠いもの」、「恋愛に理想なき民族に真の恋愛は極めて少ない(55)」と「真の恋愛」を強調する。山川菊栄は、恋愛とは「より良く生きんとする人間の努力の現はれ」であり、「社会の向上を促す力」だと述べながらも、「自分の恋愛が、その重要な社会的義務と一致する限りに於いてのみ」許されるものだとしている。そして、「次の時代のためにより良き社会を遺すこと」が「種族の母としての現代女性の第一の努力の的」となるべきであり、「この努力と一致する限りに於いて恋愛の満足は必要でもあれば有意義でもありますが、単なる個人中心の享楽主義的恋愛至上論は断じて採るべき処ではありません[56]」と述べる。小説家の宮地嘉六は、「今日の時代では自由恋愛及び自由結婚をば是認せざるを得ない」と述べながらも、結婚を前提としない「自由恋愛」は社会の「風教を乱す[57]」という。小説家の今野賢三は、「恋愛は進化する」として、「遊戯的な恋愛」や「自然発生的な恋愛」ではなく「社会」を無視することのない「目的意識」があるものにせよと主張する[58]。

以上のさまざまな知識人の言説をみると、恋愛と一口にいっても、「目的のある恋愛／自由恋愛」「真の恋愛／享楽主義的恋愛」「理性結婚／心理的結婚」など論者によって用語は異なるが、それを二分法で語る点では共通していることがわかるだろう。すでに、加藤秀一の著書『〈恋愛結婚〉は何をもたらしたか[59]』やデビッド・ノッターの著書『純潔の近代[60]』などの先行研究が明らかにしているように、明治・大正期に恋愛を肯定的に語った声は、ほぼ例外なしにそれを「民族」「社会」「国家」あるいは「教養」「人格」といった公的カテゴリーと結び付けて語る傾向があった。恋愛は「自我の確立」や「教養」の問題と結び付けて肯定する一方、「恋愛を通じた自我の目覚めとは、同時に国民国家という大なる〈全体〉の一部分であることの自覚でもあった[61]」。本章で注目したいのは、こうした恋愛の肯定が「恋愛の二分法」を経て「媒酌結婚」の肯定へと帰結するパラドクスである。

「自由結婚」と「恋愛結婚」の対立

さらに、当時の言説で興味深いのは、「自由結婚」を批判する論者が必ずしも「恋愛結婚」を否定しているわけではない、という事実である。どういうことだろうか。

これまでの研究でほとんど指摘されてこなかったのは、戦前期に批判されている結婚の多くが「恋愛結婚」ではなく「自由結婚」だということである。現代の研究では、しばしば、「「自由結婚」は今日いうところの「恋愛結婚」に相当するもの(62)」として「恋愛結婚＝自由結婚」として議論を進めていく傾向がある。しかし、これは必ずしも正確とはいえない(63)。すでに確認してきたように、主流派の知識人の言説が、「恋愛」が結婚の基礎となるべきだという理念を是認し、恋愛と結婚の結合を肯定していたことを考えると、「恋愛結婚」という用語を「自由結婚」と同じものとして扱うことによってみえなくなってしまうことがあるように思われる。

むしろ、この二つの言葉を「対置」して検討してみることが必要だろう。このことで、恋愛結婚と媒酌結婚の二者関係にも新たな視野が開けてくる。つまり、「自由結婚」には否定的な論者がまず、「恋愛結婚」を肯定するという、ある種の交錯を慎重に検討することが重要だと思われるのである。「自由恋愛」や「自由結婚」という言葉を検討するうえで、当時の日本で「自由」という言葉がかなり混乱して使われていた状況を確認しておかなければならない。

婦人啓蒙雑誌の「女鑑」や「女性」といった思想家の論考、あるいは「家庭雑誌」に掲載された

「自由結婚は可きか悪しき乎[64]」という特集のなかの知識人たちの論考からうかがい知れるのは、「自由」という言葉が「放縦」や「勝手」などネガティブな意味で使用されている事実である。一九〇一年（明治三十四年）に「中央公論」に掲載された随筆家で牧師の青柳有美による論考「排自由結婚」などは、「血迷ひせる哉、自由結婚の謳歌者たち」として、自由結婚をおこなう人たちを「憐れむべき痴漢」とまで書き、「我儘自由に結婚[65]」する自由結婚を徹底的に否定している。

ここでは、恋愛や男女交際を「必要だが、危険である」と見なす風潮[66]があり、なかでも危険視された恋愛の多くが「自由恋愛」や「自由結婚」と名指されていることに注意したい。いくつか事例を紹介しよう。

東京帝大助教授の神道学者・田中義能は、結婚に最も大事なのは「当事者たる男女の意志」と「恋愛」だとしながらも、「自由結婚」は「社会に弊害を及ぼし（略）国家の患害を致すに至るもの[67]」と記している。そこで彼が提唱するのが「我が国固有の結婚制を益々改善」することなのだが、その「固有の結婚制」とは「媒介制」のことである。「媒介者」が提供する資料や情報を「当事者の決意」の根拠にせよ、と主張する。すなわち、「正しい恋愛」には「媒介者」が不可欠だという論理である。

雑誌「教育研究」（初等教育研究会）の創刊で知られる佐々木吉六郎も、「結婚は両者の間に愛がなければいかぬ」と述べながらも、「自由恋愛と云う表名の下に、野合的夫婦を発生するのは百害あって一利ないこと[68]」と述べている。そこで彼が提唱するのは「監督の責任ある人々に依って是認された候補者の中から選択する」という「東西の長所を折衷したる結婚法」すなわち「媒介婚」である。そのほか、与謝野晶子や山田わかといった代表的な女性思想家の論考のなかにも、媒酌結婚の長所を見直すべき、時代に応じて「合理化」すべきなど同趣旨の主張を確認することができる。

注目したいのは、「自由結婚」や「自由恋愛」という言葉に冠せられた「自由」という言葉のインプリケーションである。一つの手がかりとして柳田国男が語る次のような話が参考になる。柳田は、竹内好らとの対談のなかで、明治期には「自由というのはわがままということになっていた」と述べ、「リバティを自由と訳したのが間違いのもと」だと語っている。[69] 翻訳家・柳父章の『翻訳語成立事情』がこの点をさらに詳細に論じている。柳父によれば、日本語の「自由」と英語のliberty にはそもそも大きな「ズレ」があり、当初から「自由」は不適当な訳語だと翻訳者に気づかれていた。[70] というのも、それ以前に「日常語」として民衆に定着していた「自由」という言葉が「わがまま」や「勝手」を意味するネガティブな言葉だったからである。[71] 特に保守的な思想家にとってきわめてマイナスな響きをもつ言葉だったという。

ほかにも、「自由」という言葉の特殊性を論じた文献は多くある。たとえば、政治思想史研究の石田雄は、日本の文化的伝統では、自由は「人間の尊厳に対するものとして理解されるよりは、勝手気儘にやりたいことができる状態を認めることだと考える傾向が強かった。（略）自由を自分たちの努力によって達成すべき目標ないし理念と考えるのではなく、現実に個人の生活を享受するものと考えるこのような観念からは、パブリック（公共）という概念は出てこない」[72] と論じている。当時、「自由＝自分勝手」の言説が多々みられるのも、こうした背景によるといっていいだろう。[73]

そのため、「自由結婚」を肯定する側からは、この言葉が世間でいかに誤解されているのかを嘆く語りが多くみられる。「女学雑誌」（女学雑誌社）を刊行して男女交際の必要を訴えていた巌本善治は「自由結婚」という語の社会の誤解について次のように述べている。

自由結婚と云えば西洋風の結婚なりと思ひ、随意気儘に縁事を結ぶとの様に考ふるは誤解と云うべし。人に強ひられたるにあらず、財の奴隷となりたるにあらず、天運に束縛せられたるにあらずして、我が精神の自由なる選択を経て約束したるを自由結婚とは云ふ。即はち精神上の事にして肉欲俗界の事と云ふにはあらず。されば勿論、随意我儘な放埒を言ふにあらざると知るべし。(74)

一九〇五年（明治三十八年）、「家庭雑誌」第三巻第六号にある「愛になれる夫婦関係」という論考には、「自由」の意味が社会で誤解されていることを嘆く次のような言述がみられる。

世の恋愛自由論者が何と云うか知らぬが、私を以てすれば、従来の非難は極めて間違った考えであると云はねばならぬ。これはわが所謂自由の本義を誤って居るから起る誤謬である。自由と云ふは絶対的に放逸とは異なって居るもので、抑制が他の或物によって支配されているやうに、自由は自由其物に自縛せられて居るものである。(75)

大正期になっても、岩野泡鳴が次のように嘆いている。

世間では自由恋愛ということに多くの誤解がある。勝手気儘に男女がわけもわからずくっ付きあうのがそれだと考えているのも、その一例だ。が、自由は放縦のことではない。何事に於ても自由を真に要求する権利あるものは、その権利に付随する責任を忘れてはいけない。で、真に自由恋愛を主張したり、実行したりするものは、すべてそれから生ずる結果には自分で責任を持つことが第一の覚悟である。(76)

当時の文献での「自由恋愛／自由結婚」批判をみていても、柳父の指摘が正鵠を射ているように思う。「自由」という言葉が、人々にその旧来の語義のまま否定的語句として共有されていたとすれば、自由恋愛／自由結婚が日本社会で肯定的に受容されるには大きな困難が伴ったことが理解されるだろう。

もちろん、こうした用語の厳密な違いはより精査を要する問題だといえる。だが、当時の「恋愛」と「自由恋愛」、あるいは「恋愛結婚」と「自由結婚」を区別して詳細に検討することが重要だということは強調しておいていいだろう。なぜなら、「自由結婚＝恋愛結婚」という図式から離れることで、「恋愛結婚」が「恋愛」の意味解釈の変容を経て、「媒酌結婚」のなかへと回収されていくプロセスを明らかにすることが可能になるからである。つまり、「男女隔離」の思想を批判し「男女交際」や「恋愛」を推奨する諸言説が、「自由恋愛」の推奨に連結するどころか、むしろ対極の主張になることもあったのである。

このように、恋愛は「良い恋愛／悪い恋愛」、あるいは「公的恋愛／私的恋愛」に分離され、一方が抑制され他方が結婚と結び付いて肯定されるという状況にあった。ここでは、丸山眞男の「我が国では私的なものが端的に私的なものとして承認されたことが未だ嘗てない[77]」、あるいは、橋川文三の「恋愛というもっとも恐るべき人間の価値感情でも、すべてを「総攬」する日本帝国の擬普遍的な価値体系のなかにかんたんに解消していく[78]」といった言葉を引いておきたい。「滅私奉公」の論理は恋愛を肯定する言説のなかにも強力に作用していたのである。

多くの先行研究が示すように、大正期には恋愛が「結婚」によってだけ正当化されるという、いわゆる「恋愛結婚イデオロギー」の浸透がみられた。しかし、デビッド・ノッターの研究が指摘するように、同時に戦前期には一貫して「男女交際は必要だが危険である」というジレンマがあった。結果的に、戦前期には「恋愛結婚」と呼ばれるもののほとんどが見合い形式や媒酌人を立てる形式をとった。ここでノッターの考察をさらに推し進めれば、「恋愛の二分法」を通じて、恋愛結婚は媒酌結婚の形式を経由することによって正統な結婚として承認されたということができるだろう。

ここでは、「恋愛の二分法」という特徴を指摘してきた。しかし、言葉のうえでは当然のように恋愛が二分されるわけだが、社会に奉仕する「公的恋愛」と反社会的な「私的恋愛」はいったいどのように区別できるのだろうか。個人の主観的次元に属する恋愛の本質からして、そもそも二つを客観的に区別する基準など存在しえないはずである。こうして、もともと区別のしようがないものに恣意的な社会的区別を導入しようとすれば何らかの制度的正当化の必要が生じる。社会的承認を得る恋愛とは、「結婚の基礎」になり、親の合意と社会の合意を得た「公的恋愛」であった。そこで登場するのが媒酌人である。結婚する当事者がそれを外形的に示す手段が、恋愛に媒酌人という第三者を介在させることだったのである。すなわち、この時期に制度化されていた「媒酌結婚」は、単純に「恋愛」の否定のうえに成り立っていたのではない。逆に、「恋愛を社会的に承認するもの」として機能していたという見方ができる。ここから、「恋愛結婚」を肯定する言説が「形式」としての「媒酌結婚」の規範化に帰結するという逆説的な状況が浮かび上がってくるのである。

4　優生学・媒酌結婚・恋愛結婚――「改造」の時代

前述したような「恋愛の二分法」を支えていたのは、恋愛は結婚という「社会秩序」と結び付いてはじめて正当化されるとする観念だったのであり、これは社会に恋愛結婚イデオロギーがある程度普及し始めていたことを物語っている。では、ここで想定されている「社会秩序」とは何をさしていたのか。この点をもう少し掘り下げて検討していこう。

当時の結婚や家族と関連した「秩序」を考えるときには、これまでみてきたような「家族主義」だけではなく、「遺伝」や「民族の繁栄」といった優生思想の影響力を無視することはできない。この時代には、恋愛の重要性を叫びながらも、優生学の見地から「媒酌結婚」を見直すべきだとする新たな論理が現れてくる。

恋愛は肯定しながら、媒酌結婚を否定する方向ではなく、時代の要請に応じた「合理的な婚姻方式」が求められていると主張して、「伝統」としての媒酌結婚の「利点」の見直しや改良の必要が語られるようになるのである。特に、大正期には「改造」や「改良」という言葉が「時代の言葉」であり、ブームになっていた。伝統的な方法を時代の要請に応じて「改造」すべきだという流れは、媒酌結婚にも影響を与えたといえる。

遺伝と結婚

近代以降の結婚を考えるうえで避けては通れないテーマの一つが優生学（eugenics）である。優生学という言葉は、一八八三年にダーウィンのいとこであるフランシス・ゴールトンが提唱した。ゴールトンの目的は、生きるに値する優良な人種・血統が速やかに繁殖する機会を与えることで、人類を改善する科学を作り出すことにあった。優生学は単なる遺伝についての学問を超えて、もともと政治的目的をもった科学だったのである。

優生学は西洋の多くの国で強い影響力をもった。よく知られるように、この優生学が政治的に結実した典型例がアドルフ・ヒトラーが率いたナチス政権下のドイツである（もちろんドイツに限らず世界的に優生思想は強い影響力をもっていたのであり、この点を無視すべきではない。これについては『優生学と人間社会』[79]を参照されたい）。ナチス政権は、一九三三年に優生断種法を制定して、遺伝的障害をもつと思われるすべての国民を対象とし、彼らの生殖能力を奪う手術を合法化した。ドイツ連邦の内務省顧問は、その目的について「自国の人種の血統が少しでも毒されるのを防ぐことである。われわれは単なる隣人愛を超えて未来の世代に愛情を注ごうとしている。その点にこそ優生断種法の高度に倫理的な価値が存在し、この法律が正当化される理由がある[80]」と述べている。

では、日本ではどうだったのか。優生思想は日本の結婚観にも少なからぬ影響を及ぼした。まだ優生学という言葉こそ使われていないが、日本で最も早い段階で遺伝の重要性を語っているのが福沢諭吉だった。「男女同権」や「男女交際」の必要を論じ、封建的な身分社会を批判したことで知られる福沢が、「文明化」を推進する立場から結婚での遺伝の重要性を論じている。たとえば、福沢は『福翁百話』（一八九七年）のなかの「配偶の選択」というエッセーで次のように主張している。

配偶を選ぶには、現在の身分、貧富、貴賤の如何を問はず、既に当人を是れと見定めたらば、父母、祖先、凡そ四、五世の上にまで溯りて、其家の職業、其家風、其人物の智愚強弱を吟味すること肝要なり。牛馬を買はんとすれば、先づ其親の性質如何を問ひ、穀物を蒔くにも、種を吟味しながら、人の父母たらんとする配偶を選ぶに、心身強弱の家柄を等閑に附するとは、事物の軽重を知らざる者と云ふ可し[81]。

われわれは牛馬や穀物を買うとき、その「種」を慎重に選ぶ。それならば、同じように、結婚相手を選ぶときにも「種」を考慮すべきだという主張である。さらに福沢は、「人種改良」というタイトルのエッセーでも、「人間の婚姻法を家畜改良法に則り、良父母を選択して良児を産ましむるの新工風ある可し」と述べたうえで、こう主張している。

強弱雑婚の道を絶ち、其体質の弱くして心の愚なる者には結婚を禁ずるか又は避孕せしめて子孫の繁殖を防ぐと同時に、他の善良なる子孫の中に就いても善の善なる者を精選して結婚を許し、或は其繁殖の速ならんことを欲すれば一男にして数女に接するは無論、配偶の都合により一女にして数男を試るも可なり。(略)人類の改良は割合に遅々たる可しと雖も、凡そ二、三百年を経過する中には偉大の成績疑ふ可からず。(82)

すなわち、体質が弱い人間や精神に問題を抱えた人間の生殖をなるべく抑制し、優良な遺伝子をもつ男女が多くの異性と生殖するようにすれば、人種改良が推進されるだろうという主張である。福沢は、文明化の実現を模索するなかで優生学をその一つの手段だと考えていたわけである。

繰り返しになるが、福沢は当時最も進歩的な思想家の一人であり、封建的な「妾」の慣習を批判し「一夫一婦制」や結婚における「愛」の重要性を説いていたことでも知られる。つまり、福沢にとって近代的＝文明的な結婚の重大要件とは、この「愛」と「遺伝」の二つだったのである。

福沢は、「配偶は夫とし妻として好きな者を選ぶと同時に、之を父とし母として適当するや否やに注意すること、特に大切なりとす(83)」と述べていて、愛情で結ばれた夫婦が国家を支える基盤になり、同時に遺伝的に善良な子孫を産み、将来の国家の発展に貢献することが結婚の意義だと主張していた。近代日本での国家秩序と恋愛を結び付ける論理は福沢に端を発するものだともいえるだろう。明治以降、福沢の弟子たちを中心に優生学は大きな社会的影響力をもつようになった。

日本での優生学の普及

歴史学者の鈴木善次によれば、その後の日本での優生学の普及過程は大まかに三つの時期に分けられる。[84]

第一期は、明治初期から中期であり、福沢諭吉や欧化思想に影響された優生思想の隆盛である。代表的なものに、福沢の弟子・高橋義雄が一八八四年（明治十七年）に刊行した『日本人種改良論』[85]がある。高橋は、日本人を改良するために、日本人とヨーロッパ人の雑婚の推奨、いわゆる「黄白雑婚論」を展開した。高橋に代表されるように、この時期は日本人種は西洋人種よりも劣っているので、西洋人の血を日本人に取り入れることが西洋に肩を並べるうえで必要不可欠だという主張が展開されることになった。

第二期は、明治末期から大正前期で、資本主義諸国間の競争という社会背景が加わった人種・民族間の競争を念頭に置いた人種改良論が展開された時期である。第二期の代表的なものとして、一九一〇年（明治四十三年）の海野幸徳による『日本人種改造論』[86]がある。これは優生学を土台とした日本人種改良論を展開したものであり、海野の場合、生存競争には身体的・精神的・社会的の三つの形式があって、このうち身体的・精神的の二点では日本人は欧米人に劣るが、社会的競争ではロシアに戦争で勝利したように日本は優位にあるという主張だった。その優位を支えているのは「皇室を崇敬し尊重する」「祖先を崇拝する精神」であり、この日本的特質をふまえて日本人種改良をおこなうべきだというのが海野の持論だった。

第三期は、大正後期から第二次世界大戦期での優生学研究体制づくり、優生思想啓蒙普及活動の展開である。国家政策の中枢に優生思想が位置づけられる時期である。

このように、優生学もまた西欧思想の「進取」に始まり、国粋主義と結合しながら、最終的には戦時の国家主義の中心を担っていくのである。それをふまえて、明治から大正期の媒酌結婚と優生学の関係について考察していこう。

媒酌結婚の「改造」

優生学とその普及に関してはすでに数多くの先行研究が存在しているので、ここでは「媒酌結婚」との関連に照準を絞って議論を進めたい。

優生学や医学といった科学的知識の普及は、結婚の方式にも影響を及ぼした。武士型の見合い結婚では、家同士の「政治」が重視された。一方、庶民のあいだでは主に経済的・生活上の要因が見合い結婚と分かちがたく結び付いていた。そのような状況では、見合いは形式的なものにすぎなかった。それどころか、山川菊栄によれば、結婚式の当日に初めて結婚相手を見ることもごく当たり前だった封建時代に比べれば、見合いをすること自体が「進歩的」だったのである。彼女は次のように記している。

> 結婚は親任せ、家と家とのとりきめで、見合すらしないものが多かったようです。見合ということがいつからはじまったか知りませんが、それをするのはだいぶ進歩的だったのだそうで

す。（略）封建時代には縁組は原則として同じ藩の中にかぎられ、先祖代々同じ土地に住み、生活様式も、ものの考え方も同じ型にはまっていた人間同士の間で行われていたので、どれをどれに組み合わせてもたいしてかわりはなく、見合も調査もそう必要はなかったでしょう。ところが明治以後は、封建的な身分制度とともにそういう型がくずれたので、解放の喜びもあったかわりに、それまでになかった混乱や悲劇も多く起こったわけです。(87)

新たな時代の「見合い」では、遺伝や身体的特徴も結婚の重大な要件になった。キーワードは「改造」である。「改善」「改良」「改造」は、一九一〇年代から二〇年代の日本で大流行し、盛んに使用されていた言葉である。(88)これらの言葉は新しさや「モダン」を示す「時代の言葉」というべきものであり、子どもの名前にも「カイゾウ」と読む名前が好んで使われたほどである。結婚をめぐる語りにもこの言葉は頻繁に登場する。すなわち、「旧式」の媒酌結婚を「改造」すべきだという主張がそれである。この際、特に遺伝や優生学という要素がそのロジックのなかに取り込まれている点に注目したい。

すでに一九〇七年（明治四十年）には、著名な教育学者である伊賀駒三郎が、「媒酌結婚」と「優生学」の親和性を説いていることを確認できる。(89)伊賀によれば、子孫として「健全なもの」を作り、「家名を辱めない」という目的は、優生学と媒酌結婚の両者に共通するものである。ちなみに彼は、男女を隔離する「敬遠主義」の儒教的伝統を強く非難していて、「恋愛」こそが「社会国家」と「青年男女」の双方にとって不可欠だと説いている。しかし、彼がその論拠とするのは「優生学的見地」なのである。そして同時に、優生学を通じて国家を繁栄させるためには媒酌結婚こそが「合理的」だと強調するのである。

一九一二年（明治四十五年）、下田歌子は女性に向けた啓蒙書で、「良人の選択」の第一条件は「身体の壮健なる人」だとし、「血統の悪い所へは嫁がぬように」という警句を語っている。というのも、遺伝病がある人と結婚すれば、「次代の国民に非常な害を及ぼ」し、「国家の上から見ての損失は、非常なもの」だからである。下田は、結婚を「種族の繁栄と発達」に必要不可欠であり、「一国民、又は一民族が、永久に連続していく」ための手段だと述べ、結婚によって「一家をなして、子孫の繁栄を謀り、立派な家庭を作って十分に之を養育し、以て時代の健全なる国民を養成しなければなりませぬ」[90]と述べている。そして、彼女もまた「恋愛結婚」を肯定しながら、優生学の視点から「媒酌結婚」こそが重要だと主張するのである。

ほかにも、嘉悦孝子が著書『家庭生活の改造』で、親が「無理強いする」結婚を批判したうえで媒酌結婚の改良を論じ[91]、生田長江は「見合い結婚の進化」が必要だとして、家族主義から家庭主義への変化を唱え「家と家との結婚」から「人と人との結婚」への変化を歓迎する[92]。

時代はやや進み一九三〇年代になるが、恋愛を正しい恋愛と不正な恋愛の二つに峻別する典型例として教育学者・市川源三の以下の言葉を参照しておきたい。学校教育を通じた優生思想の普及を説いた市川は、「近代の思潮が当人の意志を重んじ、恋愛を認めて来たのは喜ぶべき現象」と述べながら、次のように続けている。

「結婚より恋愛へ」は当り外れがあつて、危険である。「恋愛より結婚へ」なれば自然の進行で、水の下に就くが如くである。併し、ここに言ふ恋愛は自由恋愛を指すのではない。彼れと是れとは似而非なるもので、厳密に区別せねばならぬ。[93]

市川は、尊重されるべき恋愛とは決して「自由恋愛」のことではないのだと述べ、「舐犢（しとく）の愛」と「倫理の愛」の二つを分けて次のように論じる。「舐犢の愛」とは「理性が働かぬ愛」であり、それに相当するのが「自由恋愛」である。これに対して「倫理的恋愛」とは、「思慮に思慮を重ねて始めて感じた恋愛」であり「一時的の感情ではなくて持久的の情操である、部分的の感情でなくて全人的の愛である」。さらに市川は、「媒妁結婚と言へば、その名は同じでも、昔のと今のとは大分相違した所がある」と述べ、媒酌結婚にも「個人の意志」が尊重されるようになったという。[94] 当事者の「意志」を無視することを非難しながら「媒酌結婚」を肯定するという典型的な論理展開がここに見て取れるだろう。

同時期、同じく著名な教育学者だった兼子常四郎は、大切なのは「できるだけ広く交際させて、当事者達に適当な配偶を探し求めさせる事」と述べ、「異存がなければ媒介者を通じて」婚約を結ぶべきで「見合結婚が最も現実に則した、結婚方法」だという。媒酌人については次のように述べる。

我等の希望することは、媒酌人は従前の無責任なる態度を改め、且つ当事者をよく理解して、出来るだけ各方面より、多くの候補者を選択して、其中より最も適当の異性を選定することである。（略）異存が無ければ、改めて所謂見合を行ひ、身元調査を為し、これに於ても異存がなければ初めて婚約をして、互に婚約時代の交際に入るべきである。（略）事実恋愛結婚は正しいものであることを信ずるものであるが、一面に於て我国のこの見合結婚制度にも捨て難い特長があるのである。即ち配遇《(ママ)》者を選ぶに当つて、厳重な家系調査を行ひ、遺伝的欠陥の有無。当事者の体質、性行などを探ることが出来るのである。（略）所謂優生学の応用を実地に行ふことが出来るのである。この意味に於て我等は媒酌結婚の特長を認識するに吝ならざるものである。(95)

兼子もまた、「恋愛結婚」は重要だが、優生学の観点からすれば、「媒酌結婚」の形式をとるほうが合理的なやり方だという論理を展開しているのである。戦前期には、恋愛結婚を肯定する言説の多くが必ずしも「媒酌結婚」の否定につながるのではなく、むしろ肯定へと結び付いていく様相が見て取れる。

以上でみてきたように、大正期には恋愛を頭ごなしに批判するような論調は支配的ではなくなる。とはいえ、恋愛は「正しい恋愛」と「正しくない恋愛」の二つに区別され、そこでは「自由恋愛」が否定される。結果的には、媒酌人を介した恋愛による結婚こそが、正しい恋愛を証明するという議論が優勢になっている傾向が見て取れる。

正しい恋愛とは社会秩序に適合的なものであるとされたが、そこでは家族主義の論理だけでなく、優生思想の台頭がいわゆる「社会的な恋愛」の意味を規定するようになっている。媒酌人ないし媒酌結婚に課せられた役割とは、若者を「正しい恋愛結婚」へと導くことである。正しい恋愛結婚には、単に家同士の釣り合いではなく、身体能力や健康、遺伝といった医学的な正当性が必要とされるようになった。すなわち、「恋愛結婚」の隆盛は、必ずしも媒酌結婚の否定へとつながったのではなく、「媒酌結婚の改良」が声高に叫ばれた時代だったのであり、「伝統」に「近代的要素」が加味されるというロジックをここでも確認できる。そして、媒酌人の存在は、「正しい恋愛」であることを公的に示す指標になっていたのである。

当事者二人の実際の関係が「正しい恋愛」だったかどうかは外部の者の知りうるところではなかっただろう。結婚に媒酌人を立てることは、単に自由勝手に、無頓着に二人が結婚したわけではないことを示すうえで必要だったのであり、たとえ二人の恋愛からスタートしたとしても、媒酌人を立てることは社会的に品質が保証された結婚であることを対外的に示すものだった。恋愛結婚を肯定するからこそ「媒酌人」が重要だというロジックなのである。

次の章では、結婚をめぐる優生思想や国家主義との関連をさらに詳しく探るために、結婚相談所という「公の仲人」の歴史を検討していく。

注

(1) 前掲『女学生訓』六三ページ

（2）媒酌人に関わる事件の「読売新聞」の見出しをざっと列挙してみよう。一八七六年六月三十日付「媒酌した両人に持ち上がった離縁話を苦に自殺」、一八七九年二月二十一日付「身持ち悪い士族、女房と仲人を刺し自殺図る」、一八八五年二月六日付「兄嫁のことでトラブル、仲人に恨みを持った弟に放火の嫌疑」、一八九七年七月六日付「離縁沙汰で媒酌人を殴打し血まみれ」、一九〇二年十二月七日付「仲人の小言に逆上、夫人を殴打して死なす」、一九〇三年一月七日付「媒酌人を殴る 夫婦喧嘩の仲裁中に」、一九〇四年一月十日付「友人の嫁にと仲立ちした男、殺される」、一九〇五年六月二十五日付「新妻に逃げられた代書人が仲人殺害の脅迫状」などである。

（3）前掲、川島武宜『結婚』一〇ページ

（4）前掲『女大学』五―六ページ

（5）山川菊栄『武家の女性』（岩波文庫）、岩波書店、一九八三年、一三四―一三七ページ

（6）アリス・ベーコン『明治日本の女たち』矢口祐人／砂田恵理加訳（大人の本棚）、みすず書房、二〇〇三年

（7）森岡清美『華族社会の「家」戦略』吉川弘文館、二〇〇二年

（8）小嵜三郎『結婚哲学』明昇堂、一九〇六年、七一―七二ページ

（9）福沢諭吉「日本婦人論 後篇」、中村敏子編『福沢諭吉家族論集』（岩波文庫）所収、岩波書店、一九九九年、七五―七六ページ

（10）丁酉倫理会の活動ほか、当時の知識人たちが「男女交際」の普及のために奮闘した記録については中村隆文『男女交際進化論「情交」か「肉交」か』（集英社新書）、集英社、二〇〇六年）の詳細な研究を参照されたい。

（11）渡辺浩『日本政治思想史――十七～十九世紀』東京大学出版会、二〇一〇年、四〇八―四一〇ペー

ジ

(12) 西村茂樹「文明開化ノ解」「明六雑誌」第三十六号、明六社、一八九四年、松平直亮編『西村茂樹先生論説集』第一巻所収、松平直亮、一八九四年、一〇五―一〇六ページ

(13) ノルベルト・エリアス『文明化の過程――ヨーロッパ上流階層の風俗の変遷』上、赤井慧爾／中村元保／吉田正勝訳（叢書・ウニベルシタス）、法政大学出版局、一九七七年、一三五ページ

(14) この点に関して鹿野はさらにこう指摘している。「階層によって異なる道徳が設定されている社会と、上層への同化の幻想をさそう社会とがある。また同一の社会でも前者から後者へ移動する場合もある。その場合、前者に比べて後者が、より自由で平等の社会である、と人々の目には映りやすい。確かに階層間の流動性は前者に比べて大きいかもしれない。しかしその反面、被支配者層の論理の結晶はたえず妨げられる。その意味で〝上流〟的生活規範の臆面もない提示は、人々のうちに意識の上での〝上流〟への吸引力をもった」（前掲『戦前・「家」の思想』七一ページ）

(15) 政府も民法編纂の当初は、新しい近代法は各地の習俗を無視しては成立しえないという認識に基づき『民事慣例類集』と『全国民事慣例類集』を編纂した。だが、二つの慣例集は徐々に顧みられなくなった（犬塚協太「明治政府の家族をめぐる法と政策」、高橋徹／嵯峨隆編『ゆらぎのなかの家族と民族』〔「国際関係学双書」第十巻〕所収、北樹出版、一九九三年、六八―六九ページ）。丸山眞男に師事したケネス・パイルは、明治後期の「欧化」と「国粋」のせめぎあいに関して、欧化主義とは異なる近代化への胎動について次のように述べている。「日本の青年のもう一つの反応は、進歩と文化的自律性が両立し得ることを主張し、自らの国民的な過去の中に、自分たちや世界によって日本独自のものと評価され得るもの、近代化の過程の中にあっても犠牲にされる必要のない、かれら自身のものを探し求めることであった」（ケネス・B・パイル『欧化と国粋――明治新世代と日本のかたち』

松本三之介監訳、五十嵐暁郎訳〔講談社学術文庫〕、講談社、二〇一三年、四六ページ）
（16）明治期の、このような啓蒙思想の重層性を総括したものとして鹿野政直『近代日本思想案内』（〔岩波文庫別冊〕、岩波書店、一九九九年）がある。鹿野は、東洋的伝統を否定するものとして「啓蒙思想」、近代化＝西洋化を否定し非西洋型の近代化を目指したものを「国粋主義」、さらに、東洋の伝統のなかに西洋と同質のものを見いだそうとしたものを「民権思想」にみている。
（17）松本三之介『明治精神の構造』（岩波現代文庫）、岩波書店、二〇一二年、一四―二六ページ
（18）梅棹忠夫「出雲大社」（一九六一年）、『日本探検』（講談社学術文庫）、講談社、二〇一四年、三九一ページ
（19）志田基与師『平成結婚式縁起』日本経済新聞社、一九九一年、一六一ページ。また、石井研士によれば、神前結婚式が爆発的に増加したのは一九六〇年代から七〇年代のことだった。とはいえ、神社での結婚式は徐々に減少し、ホテルや専門式場で神前結婚式がおこなわれるようになっていった（石井研士『結婚式　幸せを創る儀式』〔ＮＨＫブックス〕、日本放送出版協会、二〇〇五年、一六二―一六三ページ）。
（20）下田歌子『婦人常識の養成』実業之日本社、一九一〇年、二一八ページ
（21）武谷水城「所謂自由結婚の弊」「女鑑」第十七号、女子新聞社、一八九二年、一二―一九ページ
（22）藤田一郎『新撰結婚式』私家版、一九〇〇年、二一ページ
（23）前掲『新日本の花嫁』三八ページ
（24）樋口勘治郎『教育勅語の御精神』金港堂、一九〇八年、六三ページ
（25）伊藤銀月『新家庭観』日高有倫堂、一九〇八年、五八ページ
（26）内田節三『新女子道』仲文社／二松堂、一九一一年、二〇ページ。同様の記述はたとえば、三輪田

真佐子『新家庭訓』（〔家庭百科全書〕、博文館、一九〇七年）一四〇ページ、三土忠造『社会百言』（冨山房、一九一〇年）一七―二〇ページ。思想的立場や主張の意図が異なっていたとしても、こうした言説の二項図式が共通の前提として語られる傾向は明治期を貫いている。

(27) この点に関しては、竹内里欧も明治期以降の礼儀作法書の記述から、「「西洋」という他者の刺激が触媒になって「日本の伝統」がより自覚化されている」ことがわかると指摘している。竹内里欧「「欧化」と「国粋」――礼儀作法書のレトリック」、ソシオロジ編集委員会編「ソシオロジ」第四十六巻第三号、社会学研究会、二〇〇二年、一三四ページ

(28) 前掲『婦人常識の養成』四二六ページ

(29) 同書四三〇ページ。だが、下田も配偶者選択では個人の意見を尊重すべきだといっている。

(30) 前掲『創られた伝統』一五ページ

(31) 寒沢振作『婦人のてかがみ』博文館、一八九四年、六一ページ

(32) 前掲『新家庭訓』三一―三五ページ。傍線は引用者。

(33) 村上辰午郎『実践倫理講義 改訂増補』金刺芳流堂、一九〇九年、一六四ページ。傍線は引用者。

(34) 前掲『新家庭観』一七ページ

(35) 前掲『社会百言』三ページ

(36) 柴垣馥編『日本礼儀作法』柏原圭文堂、一九〇二年、一三六ページ

(37) 田辺和気子『新撰 女礼鑑』丁酉社、一八九八年、二四六ページ

(38) 刊行年は、一九七〇年前後から九〇年ごろ（昭和四十年代から六十年代）の民俗資料である。資料のなかで示される民俗・慣行について、特定の年代ははっきりしないものの、戦前について言及したものを扱った。必ずしも本章の対象である明治期の実態を示す資料ではないが、戦前期日本の、地方

にまで広く浸透していった媒酌結婚規範を示す重要な傍証的データと考え、ここでは取り上げた。

(39) 蕨市編『塚越地区の民俗』(「蕨市史調査報告書」第五集)、蕨市、一九八八年、二五ページ

(40) 群馬県教育委員会編『大間々町の民俗』(「群馬県民俗調査報告書」第十九集)、群馬県教育委員会事務局、一九七七年、一五四ページ

(41) 越谷市市史編さん室編『越谷市民俗資料 昭和44年度調査報告』越谷市市史編さん室、一九七〇年、一〇七ページ

(42) 滑川村役場企画財政課編『滑川村史 民俗編』埼玉県比企郡滑川村、一九八四年、二七五―二七六ページ

(43) 仲人の形式性については、戦後にも次のような興味深い新聞記事がある(「朝日新聞」一九六七年十月十二日付の「身上相談」)。内容は、恋愛結婚を許してくれない両親についての投稿者からの相談である。相談者は親から、「近所に恋愛結婚をした人がいるか。ようも親の顔に泥を塗ってくれた。きょうだいばかりか孫の縁談にもさしつかえる」といわれる。回答者の作家・武者小路実篤は、「恋愛結婚と言うだけで反対されるご両親のお考えには賛成できません」と前置きしたうえで、「恋愛結婚の形を世間的にはとらずに、ご両親が一番信用されている人に仲人になってもらって、恋愛とは別にしてあらためて申込んだ形にしてはどうですか。仲人になる人に良く理解してもらって、その人の口から話してもらう形にしたらどうですか」と述べ、形式を変えてみるという案を提示している。

(44) 川島武宜は「面白い例」として次のような戦前のエピソードを紹介している。彼の友人が太平洋戦争中に区役所に婚姻届を提出した際、申請書類には仲人の氏名・住所を書く欄があったが、その人は「ナシ」と書いて提出した。しかし、区役所係員は、「仲人欄のない結婚はない」という理由でその申請書を受理しなかった。その人がやむをえずいいかげんな名前を書いて申請すると、特に問題なく受

理されたという（前掲、川島武宜『結婚』四〇ページ）。
(45) 湯沢雍彦「結婚観のうつり変わり」、『恋愛・結婚』（「講座 現代・女の一生」第三巻）所収、岩波書店、一九八五年、一七九ページ
(46) 生田長江『婦人解放よりの解放』表現社、一九二一年、三六―三七ページ
(47) 山田わか「媒酌結婚か恋愛結婚か」、中央公論社編『婦人公論大学――結婚準備篇』所収、中央公論社、一九三二年、四七ページ
(48) 柳原白蓮「恋愛賛美論」、中央公論社編『婦人公論大学 第2 恋愛篇』所収、中央公論社、一九三二年、三一〇ページ
(49)「女鑑」の名称には、華族女学校校長・西村茂樹が発刊した「婦女鑑」（宮内省、一八八七年）の影響がある。欧化主義に対する反動という性格をもつ雑誌であった。
(50) 鳩山春子「結婚法の改良」「女鑑」一九〇七年六月号、女子新聞社、六四―六六ページ。ちなみに、鳩山は良妻賢母教育を開始した人物といわれる。
(51) 見田宗介／見田瑛子「恋愛・結婚・家庭の思想史」、見田宗介／見田暎子編・解説『恋愛・結婚・家庭論』（「近代日本の名著」第十四巻）所収、徳間書店、一九六六年
(52) 岩野泡鳴「自由恋愛の意義と社会関係」『男女と貞操問題――僕の別居事実と自由恋愛論』新潮社、一九一五年（前掲『恋愛・結婚・家庭論』一九一ページ）
(53) 岩野泡鳴「各方面から観察した男女の貞操（結語）――貞操一六ヶ条」、同書所収（前掲『恋愛・結婚・家庭論』一九五ページ）
(54) 牧野英一「自由結婚、自由離婚」「法学志林」第二十三巻第十二号、法政大学、一九二一年、九四―九五ページ

(55) 和田富子「人格なきところに恋愛なし」「女性」一九二四年二月号、プラトン社、八五―八七ページ
(56) 山川菊栄「恋愛にだけ勇敢であってはならぬ」、同誌九七―九九ページ
(57) 宮地嘉六「恋愛は人生の全部ではない」「女性」一九二七年五月号、プラトン社、九二―九四ページ
(58) 今野賢三「恋愛は進化する」、同誌九七―一〇〇ページ。この特集以外にも、「青春の男女の前途を誤るものは、実に自由恋愛、恋愛至上主義」と述べ「私等とて恋愛を以て結婚の一要素となすことに異議を挟むもので無い」けれど「人格、品性、学問、趣味等に対する徹底的の理解と信用とによって結婚する者の方が、将来どれだけ幸福であるかも知れない」とし、「自由結婚」と対をなす「理性結婚」を推奨する言述などがみられる。田中香涯『女性と愛欲』大阪屋号書店、一九二三年、一八四―一八五ページ
(59) 加藤秀一『〈恋愛結婚〉は何をもたらしたか――性道徳と優生思想の百年間』(ちくま新書)、筑摩書房、二〇〇四年
(60) デビッド・ノッター『純潔の近代――近代家族と親密性の比較社会学』慶應義塾大学出版会、二〇〇七年
(61) 前掲『〈恋愛結婚〉は何をもたらしたか』一六〇ページ
(62) 佐伯順子「「恋愛」の前近代・近代・脱近代」、井上俊/上野千鶴子/大澤真幸/見田宗介/吉見俊哉編集委員『セクシュアリティの社会学』(「岩波講座 現代社会学」第十巻) 所収、岩波書店、一九九六年、一七七ページ
(63) ノッターは「恋愛結婚」という一般用語の社会学的用語としての適切性を見直す必要があると指摘

している。ちなみに、ノッターは、大正前期の婦人雑誌の言説の分析から、「この時期に「恋愛結婚」と呼ばれるものは現在で言う見合結婚にあたり、「自由交際」とネーミングされるものは見合結婚の一部であり、親の監督のもとで行なわれる交際のことをさす傾向がある」と指摘している（前掲『純潔の近代』七〇ページ）。

(64)「自由結婚は可きか悪しき乎」「家庭雑誌」第六巻第一号、家庭雑誌社、一九一〇年

(65)青柳有美「排自由結婚」「中央公論」一九〇一年三月号、中央公論社、三二―三六ページ

(66)前掲『純潔の近代』七四ページ

(67)田中義能『家庭教育学』同文館、一九一二年、四一―四八ページ

(68)佐佐木吉三郎『家庭改良と家庭教育』目黒書店、一九一七年、三六一―三六七ページ

(69)柳田國男／天野貞祐／桑原武夫／竹内好／遠藤湘吉／中島健藏「進歩・保守・反動」、前掲『柳田國男対談集』所収、一九八―一九九ページ

(70)柳父章『翻訳語成立事情』（岩波新書）、岩波書店、一九八二年、一八一―一八九ページ

(71)福沢諭吉ら初期の翻訳者たちは、liberty の訳語に「自由」という言葉を用いることに強く抵抗を感じていて、なんとか回避しようとさえしていたという。

(72)石田雄「家と政治」、大河内一男著者代表『家』（「東京大学公開講座」第十一巻）所収、東京大学出版会、一九六八年、九九ページ。石田は、戦後刊行された「りべらる」（白羊書房）というタイトルの雑誌がリベラリズムとは何の関係もない「セックスの雑誌」であったことを例に挙げながら、自由の意味をめぐる日本的特質を問題視している。

(73)恋愛至上主義者だった作家の岩野泡鳴は、自ら〝半獣主義〟の恋愛・結婚を実行し、二度目の妻を別居して新しい妻を迎えた際に、世間の激しい非難に応えて恋愛・結婚・貞操に関する自身の所信を

「自由恋愛の意義と社会関係」という論考に著した。そこで、「世間では自由恋愛ということに多くの誤解がある。勝手気儘に男女がわけもわからずくっ付き合うのがそれだと考えているのも、その一例だ。が、自由は放縦のことではない」と主張している（前掲「自由恋愛の意義と社会関係」一九三ページ）。ちなみに、岩野は、「見合い結婚の後にも恋愛が生ずるものだというような事を頼みとするのは、無自覚な男女が公然と野合しているのである」と述べたうえで、結婚を恋愛の絶対的要素とし、「恋愛がなくなった場合は、直ちに離婚を要求しまた承諾しするのが、しないよりも正直であり、誠実であり、名誉である」と主張した（前掲「各方面から観察した男女の貞操〔結語〕」一九五ページ）。

(74) 巌本善治「自由結婚の趣意」「太陽」第二巻第二十二号、博文館、一八九六年、五五三四―五五三五ページ。巌本は続けて、「婚姻の世話、約束の結び方、差し当って古風を大いに改めざる可からざる箇条とては少なし。但だ、古風先輩の周旋に於て、兼ねて、当代青年の人情を承知せられんことを望むの一事あるのみ。之に加へて方今第一に改めざる可からざる結婚上の弊風と云へば、即ち人に婚せずして、位爵、金銭に婚せんとする財婚の弊風これ也」と述べている。巌本は、べつに西洋の風をまねて、自由結婚が理想だといいたいわけではないと強調する。自由結婚は、文明にとって当たり前のものだと述べたうえで、親や媒酌人による結婚の介在という日本の婚姻様式そのものは肯定的にみている。自由結婚を肯定する者が批判の槍玉に挙げたのは、あくまで「金力結婚」「強制結婚」だったので、形式・手続きとしての媒酌結婚は否定されたわけではなかった。

(75) てき生「愛になれる夫婦関係」「家庭雑誌」第三巻第六号、家庭雑誌社、一九〇五年、七四九ページ

(76) 前掲「自由恋愛の意義と社会関係」一九三ページ

(77) 丸山眞男『現代政治の思想と行動』上、未来社、一九五六年、一一ページ

(78) 橋川文三「「葉隠」と「わだつみ」」「思想の科学」一九五九年十一月号、中央公論社、二九ページ
(79) 米本昌平／松原洋子／橳島次郎／市野川容孝『優生学と人間社会――生命科学の世紀はどこへ向かうのか』(講談社現代新書)、講談社、二〇〇〇年
(80) ダニエル・J・ケヴルズ『優生学の名のもとに――「人類改良」の悪夢の百年』西俣総平訳、朝日新聞社、一九九三年、二〇三ページ
(81) 富田正文／土橋俊一編集『福翁百話』(「福沢諭吉選集」第十一巻)、岩波書店、一九八一年、五五ページ
(82) 同書一九二ページ
(83) 同書五五ページ
(84) 鈴木善次「解説　日本における優生思想・優生運動の軌跡」、前掲『優生学の名のもとに』所収、五〇七―五一七ページ
(85) 高橋義雄『日本人種改良論』石川半次郎、一八八四年
(86) 海野幸徳『日本人種改造論』冨山房、一九一〇年
(87) 山川菊栄『おんな二代の記』(一九五六年)、(岩波文庫)、岩波書店、二〇一四年、九六ページ
(88) 柏木博『家事の政治学』(岩波現代文庫)、岩波書店、二〇一五年、一六八ページ
(89) 伊賀駒吉郎『女性大観』東京堂／宝文館、一九〇七年、七七〇―七七三ページ(再録：中嶌邦監修『近代日本女子教育文献集』第九巻、日本図書センター、一九八三年)
(90) 前掲『婦人常識の養成』四四四―四四五ページ
(91) 嘉悦孝子『家庭生活の改造』日新閣、一九一九年
(92) 前掲『婦人解放よりの解放』

（93）市川源三『女性文化講話』明治図書、一九三五年、四二九―四三〇ページ（再録：松原洋子編・解説『性と生殖の人権問題資料集成』第十八巻、不二出版、二〇〇一年）

（94）同書一〇五ページ

（95）兼子常四郎『性教育と優生問題』芝書店、一九三四年、二六〇―二六一ページ（再録：中嶌邦監修『性教育研究基本文献集』第十三巻、大空社、一九九一年）

第3章　仲人と戦争——結婚相談所にみる結婚の国家的統制

1　結婚媒介業の隆盛

都市化と結婚難

結婚相談所や婚活支援サービスが繁盛する現代社会だが、結婚媒介業そのものの歴史は意外に古い。本章で注目するのは、このようないわゆる「公の仲人」と呼べるものである。これまでみてきた仲人とはいささか性質が異なるが、結婚媒介所や結婚相談所という明治時代以来、日本社会に数多く存在してきた結婚媒介を専門とする機関に着目して、結婚観の様相とその変化を検討していく。

まずは、結婚媒介所の成立の背景とその展開を確認することから始めよう。そもそも「商売」や「職業」としての結婚媒介業や相談業が著しい隆盛をみせたのは、明治期の急速な都市化と深く関連している。(1) 江戸時代にもすでに、都市部では「慶安」や「高砂業」と呼ばれる媒酌を職業とする者が登場していたものの、こうした商売が全国的に広く現れるのは明治時代であった。法学者の有地亨は、明治期の結婚媒介所の隆盛に触れて次のように述べている。

結婚媒介所がどうして繁盛するかについては（略）男性も女性も性的享楽のためとか、学資を得るためとかの不真面目な動機に基づく者も非常に多いことも事実である。しかしまた、他方では、若者が男女ともに、裸一つで農村から都市に出て身を立てようとした場合に、男女の交際する機会もなく、また、財産も社会的地位もなければ、配偶者を獲得するのはなかなか難しく、また、田舎の親族に嫁、婿の世話をしてくれる者もいなければ、適齢期になっても容易に結婚できない状態に置かれる。そのような者が結婚しようとおもえば、結婚媒介所に頼る以外にないのである。(2)

有地によれば、結婚媒介業が繁盛した背景には、社会の「近代化」があった。すなわち、血縁・地縁でつながる村落共同体から離れ、都市に流入した人々が増加し、「結婚難」という新たな社会問題が生じたことによる。この結婚難に対応するかたちで、親族以外による結婚媒介の必要性が生じたのだ。(3)血縁や地縁に頼ることができない人々を救済するために、こうした社会情勢を敏感に察して商売として確立されたのが結婚媒介業だったのである。(4)明治から大正まで、結婚媒介所は「雨後の筍の如く」乱立していく状況だったという記述も確認できる。(5)

では、結婚媒介所にはどのような人たちが集まってきたのだろうか。いくつかの資料から確認してみよう。早い時期のものでは、一八九〇年（明治二十三年）の「読売新聞」三月二十日付に、東京のとある結婚媒介所の利用者に関する統計数値が掲載されている。記事によれば、一年間で結婚申し込みが九百人あったということで、申し込み者の内訳は、華族七人、士族四百七十一人、平民四百二十二人となっている。

時代はやや下るが、一九一八年（大正七年）に「婦人公論」に掲載された「結婚媒介所へ来る女」(6)という記事に当時の結婚媒介所の様子が描かれている。この記事では、結婚媒介所にやってくるのは、男性は陸軍中尉から職工まで、女性は資産家の女子大学卒業生から田舎《いなか》から出てきた「おさんどん」（「飯炊き」の意味で主に女中や下女をさす言葉）まで、多種多様であると書いてある。しかし、なかでも特に多いのは、男性は「学校出の会社員」、女性は「女学校出のお方」であり、概して「教育のある者」が多いとある。特徴として「女は理想が高い」とか「男は器量好み」などと書き、結婚媒介所が流行する背景には、ここでも都会の結婚難があると指摘している。

一九二一年（大正十年）には、雑誌「女の世界」で、「不遇に泣く老嬢及び離婚婦人達の落ち着く処」(7)として結婚紹介所を取り上げている。利用者の年齢は、二十二歳から二十三歳がいちばん多く、媒介所を利用する女性には「所謂難物」が多く、「容貌は悪いが理想は高い」などと書かれている。このように、すでに明治期以降、結婚媒介所が大いに繁盛していたことを資料から確認することができる。

詐欺の横行

しかしながら、当時の新聞記事や出版物が特に指摘しているのは、結婚媒介所の実態が悪徳の代名詞と呼ばれるほど、不正や詐欺に満ちたものだったことである。たとえば、ある新聞記事には、結婚媒介を職業とする人間には、「随分如何はしい者があって詐欺とか密淫売を強ひて私腹を肥すのを業としているのも少なくない(8)」と書かれている。大正期の「読売新聞」掲載記事で見出しに「結婚媒介所」という言葉を含む多くの記事は、その不正・悪徳を報じるものであり、当時出版された本にも結婚媒介所の悪徳ぶりを紹介するものが数多くある。

川村古洗『放浪者の世の中探訪』という本には、「結婚媒介所覗き」という一章があり、著者が結婚媒介所を訪問したうえでの感想を述べている。まず、結婚媒介所を「数奇な文明の悪戯が産み出した新職業(9)」だとして、東京市内だけでも五十軒はあると書いてある。しかし、その内実を探れば、詐欺が横行していて、特に「写真」を使った詐欺が頻発していることを告発している。どこでも紹介所の申し込みには写真の提出を義務づけていて、悪徳の営業者は、そのうち美人女性の写真ばかりを集め、客寄せのためにその写真を繰り返し利用しているという。そのほかの本にも、結婚媒介所について、「誠に便利な安価な文明的職業といふ事が出来る。けれども一歩踏み込んで彼等の内幕を見ると、此便利と親切を売物として、巧妙なる奸悪手段を弄して居る者が多いといふ事であるから誠に危険と云はなければならぬ(10)」という記述などが確認できる。

このように、都市の結婚難という社会情勢を受けて、人の弱みにつけこむ詐欺が横行した。営業者だけではなく、客の側にも結婚媒介所を利用して「結婚詐欺」をはたらく者も多かったようである。こうした問題は新聞紙上でも頻繁に取り上げられるようになっていき、一九一九年（大正八年）になると、ついに結婚媒介所に対する警察の取り締まりが始まった。そして、「両親の同意書」がないかぎりは紹介してはならないなどの厳格な規則が課されることになったのである。

2　社会事業としての結婚媒介——民営から公営へ

ところが、結婚媒介所は、一九二〇年代ごろ（大正十年代）になると、それまでとは異なる着目点から新たな存在意義を獲得していくことになる。結婚媒介を国策として生かすために公営化し、国家によって管理すべきだという主張が登場するのである。

たとえば、一九二一年（大正十年）に、中央慈善協会による雑誌「社会事業」では、「結婚媒介の公営化」の必要を主張している。結婚難が社会問題になるなかで、「媒酌人」という伝統的な慣習を見直して、日本独自の「媒介主義」を時代の要請に応じて改善すべきだという内容である。都市化に伴い、「親族」や「隣保」の援助を受けられない者たちが増えるなか、結婚難に陥る人たちを救済するには結婚媒介所が必要不可欠であり、「経世家たり救済家たる者、意を注ぐべき」[11]問題と述べている。

男女の間を程善く流通し調和して、社会の円満をはかる所の媒介事業は我国、殊に大都市、就中、中産階級以下に対する緊急なる社会事業として大に之が創設を奨め、之が活動を促さなければならぬではあるまいか。(略)要は社会の欠陥を補足して、其円満発達を図るを以て使命とするのである。(12)

さらには、結婚媒介を法制化しようという動きも出てくる。一九二六年(大正十五年)二月には衆議院に「結婚法案」と「結婚紹介法案」と銘打たれた二つの法案が提出されたという記録がある。この法案は、主に遺伝病や花柳病など結婚に関わる危険を回避する目的で、国民結婚補導会(日本社会教育協会によって設立)の手によって作成されたものである。この会は、結婚紹介法案の提出理由を次のように述べている。

我国古来の美風良俗として行はれたる結婚媒酌は、今日に於ては幾多の弊害を生ずるに至れり。其の原因は主として私的関係に於て、営利的又は売恩的の目的を有するにあり。之れが弊害を矯正し以て国家的組織に依り、市町村長をして之れに当らしめ国民の結婚生活をして安定せしむるを必要とす。之れ本案制定の理由なり。(13)

すなわち、日本伝統の「美風」である結婚媒酌を、営利や恩に任せた「私的」なものとして放置しておけば、国家にとって大きな弊害となる。そのため、結婚媒酌を「公的」なものとして国家の管理下に置かなければならないという提案だった。[14]

では、なぜ結婚媒介事業を「社会事業」と位置づける必要があったのか。当時の著名な社会事業家である海野幸徳の言葉を参照すれば、社会事業とは、「社会の欠陥を除去調整するものである」と同時に、「生存の合理的方案を目標とするものである」。[15]優生学を重視する当時の思想風潮から、結婚もまた「社会の欠陥」を除去する政策の拠点と捉えられるようになったわけである。

第3章でも取り上げた優生学の思想が、国家の政策とより強く結び付き、広く社会に共有される言説になったのは対外戦争がおこなわれるようになった明治末期から大正期にかけてのことである。日清・日露戦争以降、政府は戦争遂行のために国民の体力増強を達成する方策として優生学に基づく政策や法整備を積極的に展開した。そういう趨勢のなか、たとえば「民族衛生」なる理念が結婚を統制する基準として現れてくる。そして結婚媒介や配偶者選択に対する国家の管理・介入の必要性が、この「民族衛生」との関連で重視されていく。なぜなら「結婚は生活との深い関連性の故、優生思想を普及させるのに絶好の媒介であった」[16]からである。

当時の著名な民族衛生学者である氏原佐蔵は、「個人主義を発揮せる結婚は民族衛生学家の見地よりすれば、危険多き」[17]と述べている。そして、「由来結婚なるものは決して個人の利益のみに左右されるべきにあらず、寧ろ社会に対する享生者の職責、国家に対する各人の義務なりと謂ふも過言にあらず」とし、兵役義務と同様、「健康者の特権」であり、「健康なる後継者を国家に捧ぐるを要す」と主張している。また、同年に出版された東京帝大教授の倫理学者・吉田静致が著した『国民道徳の新修養』には簡潔にこう記されている。

人種改善学、或は優生学といふものは、これはどういふことを目的とするかといふと、詰り優良なる男女の結婚を通じて次の時代の人間を優良なるものにして行かうといふことを目的とするものであります。其方法は優良なる男女の結婚に依るのであります[18]。

このように結婚は家制度だけではなく、しだいに優生学や人口学の視点からも規範的に語られるようになる。これに関連して、一九三二年(昭和七年)に木村松代が著した『結婚社会学』という書に興味深い記述を確認できる。木村は、「性」に対する従来の社会統制が現在では「失敗」していると指摘し、「新たな社会統制の方法」が求められていると述べている。木村によれば、従来の社会統制は、「性そのものを罪悪と見て之を抑圧する」ものだった。しかし、「新しい社会統制の理論」は、「性行為が社会的に個人的に有害なる結果を齎さないやうに注意し、若し必要ならば、国家は権威を以て之を予防し、取り締まる」ものでなくてはならない。「進んで個人が自発的に自己の行為を制御してゆくやうに、人々を啓発する」必要があり、そこで要請されるのが「科学[19]」だと説いているのである。

こうした言述が端的に示すように、「新たな時代」には、結婚を規範化する言説は、しだいに道徳的なレトリックだけでは正当性を担保できなくなっていた。つまり、道徳が人々に「遵守すべきもの」として受容されるには、より強力な合理的根拠が必要になってきたのであり、西洋医学や優生学などの科学的知識こそがそれにほかならなかった。

一九三〇年（昭和五年）以降、優生結婚を通じた社会改良を主張する言説は急速に勢いを増す。三〇年に設立され、優生学による社会改造を掲げた日本民族衛生学会はその中心を担うものだった。これは、遺伝病者や劣等者の断種、優生学者の診断による「優生結婚」、育児制限反対、日本民族の人口増殖などの目的を掲げた学会だった。のちに、こうした運動は厚生省と結び付き、遺伝病者の「断種」を合法化した国民優生法や、国家の健康管理による国民の体力増進を目指して制定された国民体力法といった政策を生み出していくことになる。

一九三〇年は、初の公営結婚相談所として東京市役所内に結婚相談所が開設された年でもある。所長の田中孝子は、「此の相談所は単なる媒介を目的とせず、優生学の普及、性道徳の高調、家庭生活の浄化等を信条」としていて、「常に社会奉仕と指導的精神を忘れないのであります[20]」と述べている。

こうした動きは急速に拡大し、それ以後、全国各地に公営の結婚相談所が次々に作られていく。当時の優生思想の普及に大きな影響力をもった人物の一人、医学者の永井潜は、「双方の家系と当事者の健康とに就て、優生学者や、それぞれ専門の医師に診査を需め、その判定指導に基いて、配偶者を選択し、又自身を適宜処置することが必要であります」と述べ、優生結婚相談所の開設を称賛した[21]。同じく著名な医学者だった吉益脩夫の言葉を借りるなら、結婚相談施設は「社会福利事業」であり、「有益な事業であるばかりではなく、必要欠くべからず施設」で、「現代の危機を救ふための一つの対策として生まれた」のだった。そして、その「最大の使命は優生学的目的の達成にあり、断種と結婚相談とは優生学処分における車の両輪の如きもの[22]」だったのである。社会事業史

図1　優生結婚相談所
（出典：「朝日新聞」1940年5月2日付）

の専門家である吉田久一によれば、一九四一年（昭和十六年）三月時点で、こうした結婚斡旋施設は、公営四百五十七、団体経営六十六、個人経営二十三の計五百四十六にのぼり、優生結婚資金貸付斡旋、さらには、優生結婚表彰、産児奨励金の交付をおこなっていたという[23]。

一九三八年（昭和十三年）四月に国家総動員法が公布され総力戦体制が整えられていく。その年の一月に設置された厚生省は、強化される国民の健康・体力に対する国家統制の象徴だった。国民体力の管理こそが厚生省設置の主たる目的であり、女性の身体は「生殖の器械」と考えられ、最も私的な事柄である結婚や性、出産、育児がすべて国家に管理されていくことになる。四〇年代に入り戦況が悪化していくと、人口政策や優生政策はより露骨に展開されていった。そして、「悪い素質を持った人、虚弱で国家の役に立たぬ人間を絶滅し、優秀な強健な人間をどしどし殖やすことが必要」とし、「この質と量との両側面より民族の将来を考へること」の重要性から登場したのが「国民優生[24]」なる思想だった。こうした思想に基づいて、「結婚の媒介といふことは、最も大きな最も焦眉の念を要す

△職業別

職業	申込數 男	申込數 女	申込數 計	成婚數 男	成婚數 女	成婚數 計
官公吏	一九七	一七	二一四	三五	二	三七
軍人	一〇	—	一〇	三	—	三
辯護士	三	—	三	—	—	—
教員	三六	四四	八〇	一〇	一〇	二〇
醫師、藥劑師	五四	五	五九	六	—	六
僧侶	一二	一	一三	一	—	一
銀行會社事務員	五八二	一一三	六九五	一〇一	二〇	一二一
商店員	六九	二六	九五	一四	二	一六
産婆、看護婦	—	七四	七四	—	九	九
美容師	—	二九	二九	—	三	三
學生	五	—	五	—	—	—
農業	二	—	二	—	—	—
商業	四三八	四三	四八一	八四	二二	一〇六
工業	八五	一〇四	一八九	二二	二七	四九
職工	四四	二二	六六	四	一	五
其の他	五一三	一、一七九	一、六九二	六三	一九八	二六〇
無職	一〇三	三五六	四五九	一九	六七	八六
合計	二、一五三	二、〇一三	四、一六五	三六二	三六一	七二三

△年齢別

年齢	申込數 男	申込數 女	申込數 計	成婚數 男	成婚數 女	成婚數 計
二〇歳以下	三	五九	六二	一	七	八
三〇歳以下	五七六	八七二	一、四四八	八六	一一三	一九九
四〇歳以下	七五五	六四六	一、四〇二	一二四	一一七	二四一
五〇歳以下	五三〇	三五六	八八六	九八	七八	一七六
六〇歳以下	二三一	七八	三〇九	六二	一八	八〇
六〇歳以上	五七	二	五九	一八	—	一八
合計	二、一五三	二、〇一三	四、一六五	三六二	三六一	七二三

図2　東京市が結婚相談所を開設するにあたって警視庁から得た参考資料「最近3年間の営利媒介所利用者の職業・年齢別の表」
（出典：藤瀬雅夫「結婚媒介所盛衰記」「相談」1934年4月号、平凡社、165ページ）

る問題[25]」になったのである。

一九四一年(昭和十六年)八月には、「結びの神の新体制」として結婚報国会が始動し[26]、四二年(昭和十七年)十月には「朝日新聞」で「紙上結婚相談」がスタートする。「戦時下の正しいよい結婚は健康な精神と身体に加ふるに皇国を固める結婚報国の念に燃えるものでなくてはなりません[27]」という言葉が端的に示すように、「報国」の手段としての結婚という考え方が喧伝されていく。

こうしたなかで「媒介婚」には新たな意味が付与される。厚生省推薦図書とされた『優生結婚』のなかで優生結婚相談所の所長・安井洋は、「優生学的の立場からすれば、今までただ旧式と思われてゐた媒介結婚に、却へって新しい意義が発見された[28]」と述べている。対外侵略が拡大していく過程のなかで、日本政府は戦争遂行のために国民の体力増強を達成する方策として優生学的な法制度・政策を積極的に展開していったのである。

こうした時代には、結婚だけでなく恋愛も優生学と結び付けて語られることになる。たとえば、大正期に紹介され、多大な影響を及ぼしたエレン・ケイの著書『恋愛と結婚』も、恋愛が種族の繁栄という至上価値に従属するものだと論じていて[29]、優生学に基づいた恋愛を賛美した。明治末期には、恋愛・結婚・生殖の優生学的な改革を国家的課題として論じる言説は増加する[30]。

当然、このような優生学の普及は、媒酌結婚の規範化にも密接に関連している。なぜなら、配偶者選択が国策にとっての焦眉の問題になったからである。明治期の段階では、媒酌結婚は武士的慣行に価値を置き道徳的な問題として規範化される傾向が強かったといえるが、優生学や人口学のまなざしを通じて新たな側面が浮かび上がっていった。

3　結婚相談所の国営化

厚生省と結婚統制

戦争が激化するなか、結婚媒介の統制をリードしたのが厚生省である。戦時下の結婚についてはこの厚生省の存在を抜きには語れない。

厚生省は、日中戦争が長期化の様相を呈してきた一九三八年（昭和十三年）一月に設立された。厚生省の予防局には優生課が設けられ、その主管業務は、「民族衛生」「精神病」、「慢性中毒」（アルコール依存症など）、「慢性病」（がんなど）、「花柳病」（性病）、「癩」（ハンセン病）などであった[31]。厚生省設立の年に刊行された沼佐隆次『厚生省読本』によれば、「厚生」の語源は「正徳利用厚生惟和」という漢語のなかの「厚生」から生まれたものである。「棉を衣に寒さをしのぎ肉を食って飢ゑを免れる」を意味する言葉で、人々の最低限の生活を保障することを意味した言葉だった。しかし、その背後には戦争に勝つために国民をどのように強化すべきかという関心が潜んでいた。

同書では、「厚生省の生みの親は陸軍」だとはっきり記している。厚生省を生み出すのにいちばん骨を折ったのは陸軍省の医務局だった。一九三七年（昭和十二年）六月に近衛文麿内閣が誕生した際、陸軍は近衛内閣をサポートするその条件として「国民の体力を向上させる新しい省をこしらへること」を突き付けていて、近衛首相がそれを約束し、厚生省が生まれたと書いている。『厚生省読本』の冒頭では次のような言葉を記している。

陸軍は近衛内閣が出来るずっと以前から、国民の体力の伸長如何がいかに国運の隆昌と密接な関係にあるかを指摘し、健全な肉体の完成が日本魂を培養する真の要素であると期待していた。しかるに近年特に国民の体力が甚だしく、劣等になりつつあることを陸軍は徴兵検査の成績で知って非常に驚くと共に従来の政治家がこの一番大切な国民の保健行政に冷淡であるのをあきたらなく思ひ政策の一つとして何等かの根本的な対策を講じなくてはならないと考へたのがそもそも厚生省の生れる濫觴となったのである。[32]

この「健全な肉体の完成が日本魂を培養する真の要素」といった言葉が示しているように、国民の健康・体力の増進、あるいは衛生管理を目指す厚生省は、戦争に備えるために設立されたものだった。実際、国民の健康や衛生に関する学問の進展は戦争と手を携えて進展していくものだったのであり、結婚もそのような政策のなかに組み込まれていった。

「結婚報国」と国立結婚相談所

戦時体制下では、結婚媒介は「社会事業」ないし「厚生事業」の根幹に位置づけられていく。その動きのなかで媒酌人の存在は、「神意を示すもの」とか「出雲の神様」と形容されたように、国民の「戦意昂揚」へと接続されることになった。[33]

当時の政府が結婚に対してどのような考え方を抱いていたのかを知るために、厚生省人口局長の安井洋が書いた『結婚新道』をその代表的な著作として紹介しておきたい。この本は、厚生省推薦図書に認定されたものであり、戦争に勝利するためにどのような政策が必要であり、国民が結婚をどう考えるべきかを説いている。

同書ではまず、政府がおこなうべき政策として、結婚相談所の普及を挙げている。「結婚を促進するためには、個人の結婚斡旋を奨励するばかりでなく、公営の結婚相談所を設立して全国に普及する必要がある」。続けて、「政府においても、市町村を初めとし、あらゆる国体における結婚相談所の設立を奨励してをり、すでに各方面において続々設立されつゝあるが、それをもっとく普及拡張すると同時に、国民もまたそれを十分に利用して貰ひたいのである[34]」と述べている。

「自由結婚と媒酌結婚」と題した章では、次のように書いている。「要するに恋愛結婚は動物的の本能主義であり、媒酌結婚は人間が道徳的に組立てた人間的の産物である。前のが新式で後のが旧式だと思ふのは間違ひで、前のが原始的で、後のが進化した方式なのである[35]」。すなわち、恋愛結婚よりも媒酌結婚のほうこそが「進化」の産物であるという論理である。さらに、「優生学的の見地」からも媒酌結婚のほうが「子孫に好影響を及ぼす」のであり、「我が国民の優秀性は、古来から喧ましかつたこの血統詮議の賜物」で、「今まで旧式と思はれた媒酌結婚に新しい意義が与へられたわけである[36]」と記している。ここでも優生学と媒酌結婚の親和性を強調している。特に、「優生政策」と題された章には次のような過激な文章が並ぶ。

いかに人口増加が大切であつても、それは粗製濫造であつてはならない。弱い子供や精神の劣つた子供を儲けたのでは、親自身が困るばかりでなく、国家としても足手纏ひとなつて十分な能率を上げることが出来ない。遺伝に因する莫大な疾病畸形者が、どれだけ国家に煩累を及ぼしてゐるか、精神病院、低能教育、聾啞教育、盲人教育、不具者の特殊教育等、それらの大部分は遺伝の産物に対する施設と称して差支なく、また精神変質と最も関係深き犯罪者や幼少年の不良化等に対して国家が負担する経費と煩累の莫大なことを思ふとき、優生政策の如何に必要であるかは、くど〳〵と説明するまでもない。(37)

続けて、一九三八年に制定された国民優生法については次のように説明している。

我が国でも国民優生法が昨年から実施されて、悪質な遺伝病者はその申出によつて優生手術を行ひ得るやうになつたのであるが、この手術は何等の危険もなく、たゞ子種を断つだけで性生活の上にも少しも障害がないのであるから、かゝる遺伝病者は、自ら悩めると同様な悩みを子孫に遺さぬために、進んで手術を受けるやうにせねばならない。(38)

このように、「悪質な遺伝子」をもつとされる人には優生手術という名の不妊手術をおこなうことを推奨する内容になっていて、「悪質の淘汰は現代の急務」(39)というスローガンを繰り返し強調している。国立の結婚相談所に関しては、結婚報国懇話会長である武井群嗣が「結婚即奉公」だとして、次のように述べている。

結婚は個人にとつて重大なる事実であるばかりでなく、国家民族の発展の上からも、極めて重要なる意義を有するものであることは言ふまでもない。（略）国民は適正なる結婚に依つて健全なる銃後の家を営み、心身共に剛健優秀なる多数の子女を設けて皇国の使命達成に寄与するといふ、国策上の重大なる意義を有することになつてゐる。(40)

これまでの結婚は、親戚や知人の媒介斡旋に頼りきっていた。しかし、選択範囲が狭かったので「良縁」を得られないことが多く、その結果「晩婚の傾向」を生み出してしまった。こうした弊害を取り除き、「好配」を広げるために公の結婚相談所が増設された。これが武井の主張である。

東京市結婚相談所の所長を務めていた田中孝子の言も紹介しておこう。田中は、人類の理想として「自らの生命のある限り、此の当代を出来るだけ豊富なものとすると同時に、又一方には来るべき時代のために、わたくし共の種族をより優秀なものとして、涯しなく展開さるべき人間文化の段階を、層一層と高く築き上げることが、わたくし共に課せられた任務である」と述べていて、「かゝる理想を実現する方法として最も根本的なるものは結婚である」という。続けて、「結婚は従来考へられたやうに私事ではなくして、実に公事なのである」と主張する。大東亜戦争が始まり、日本国民は必死の覚悟で戦争を完遂し、「八紘一宇の大業」を成就しなければならず、「その為めには、適良結婚に基く人口の確保、即ち質に於ても量に於ても優秀な国民を有つことが現下の急務なのである」というわけである。さらにこう続く。「この頃「結婚報国」といふ言葉が生れるに至つた。斯くて人々は結婚に依つて、国家に奉仕することになるのであるが、而かも其れが又自らの幸

女子申込者職業收入學歴調

昭和八年自四月六日至九月三十日

種別			實数 初婚者	實数 再婚者	實数 計 小計	實数 計	比率 初婚者	比率 再婚者	比率 計 小計率	比率 計
職業	父兄之職業	農業	27	17	44	44	8.2	11.1		9.1
		商業 一般商業	66	25	91	107	20.1	16.4	85.1	22.2
		商業 接客業	10	6	16		3.0	3.9	14.9	
		工業	14	5	19	19	4.3	3.3		3.9
		俸給生活者 官公吏	28	6	34	135	8.5	3.9	25.2	28.0
		俸給生活者 銀行會社員	43	18	61		13.1	11.8	45.2	
		俸給生活者 雇傭員	14	7	21		4.3	4.6	15.5	
		俸給生活者 教育関係者	13	6	19		3.9	3.9	14.1	
		自由業 醫療関係者	8	1	9	23	2.4	0.6	39.1	4.8
		自由業 [illegible]	9	5	14		2.7	3.3	60.9	
		運輸業	1	1	2	2	0.3	0.6		0.4
		其他	19	9	28	28	5.8	5.9		5.8
		資産恩給生活者	64	20	84	84	19.5	13.1		17.5
	婦人職業	婦人職業	13	27	40	40	3.9	17.6		8.3
		計	329	153	482	482	100	100		100
收入		50円以下	26	12		38	7.9	7.9		7.9
		60円以下	9	4		13	2.7	2.6		2.7
		70円以下	15	13		28	4.6	8.6		5.8
		80円以下	15	3		18	4.6	1.9		3.7
		90円以下	7	6		13	2.1	3.9		2.7
		100円以下	26	12		38	7.9	7.9		7.9
		150円以下	35	13		48	10.6	8.5		10.0
		200円以下	38	13		51	11.5	8.5		10.6
		201円以上	69	19		88	21.0	12.4		18.2
		不明	89	58		147	27.1	37.9		30.5
		計	329	153		482	100	100		100
學歴		小學校程度	52	42		94	15.8	27.4		19.5
		中等學校程度	233	105		338	70.8	68.7		70.1
		専門學校程度	44	6		50	13.4	3.9		10.4
		計	329	153		482	100	100		100

備考。
(1) 職業收入——女子申込人ハ一般ニ職業ヲ有セザルヲ以テ職業收入別ハ父兄ノ職業收入ヲ表ハスモノトス
(2) 婦人職業——中等學校小學校教員 女醫 薬剤師 看護婦 美容師 産婆 [illegible] 女中等
(3) 收入不明——收入不明ノ多數ナルハ女子ハ一般ニ父兄ノ收入ヲ知悉セザルニ因ル

図3　東京市結婚相談所の「女子申込者職業収入学歴調」
（出典：田中孝子「東京市結婚相談所を語る」「社会事業研究」第22巻第1号、大阪社会事業連盟、1934年、147ページ）

福を齎らす結果にもなる」[41]。「正しき配合」のために「結婚相談所」の重要性が高まってきたというのである。

結婚斡旋網の形成

もちろん現実的には、すべての国民が結婚相談所の手を介した配偶者選択をおこなうわけにもいかなかった。そのため、政府は国民が自発的に結婚媒介をおこなえるような仕組みの整備にも尽力した。

一九四〇年一月に、厚生省人口局母子課内に置かれた結婚報国会は、結婚報国思想の啓発、適齢結婚と健康結婚の奨励、結婚斡旋、結婚斡旋機関の設置奨励と相互連絡、結婚行事の改善、結婚に関する迷信の打破などをその主要な事業とした。その年の十月には、戦時生活局長が、各都道府県支部長に対し、「結婚斡旋委員を班毎に一人以上置くように」と通達し「結婚斡旋委員の手引」を作成して各地に結婚相談所を設立している。さらには、大日本婦人会が、各都道府県支部長に「結婚促進に関する件」を通達し、「結婚委員」を置くことを決定した。

一九四〇年十一月には、「結婚難」の時勢にあって「会社、工場、町村会、隣組までも動員する大掛かりな出雲の神様が現れた」[42]。日産や満州重工業などの大企業と、厚生省の安井洋優生結婚相談所所長や田中孝子東京市相談所所長など政府関係者のあいだで開かれた会議によって、日本民族強化連盟が発足したのである。これは、「全国の千名以上の会社工場を始め町村或は隣組単位に「むすび会」を設け各むすび会に申込まれた写真入り結婚カードを連盟本部或は支部に送って独身男女を結婚させようといふ」趣旨で設立された。この連盟は翌年「結婚報国懇話会」と改称し、より積極的な活動を展開することになる。[43] こうしたなか、新聞には「結婚難を口にしながら相談所を利用せぬ家庭」や「結婚相談所へ依頼するのを恥としてゐる傾向」に対する戒めの言葉が掲載されている。

結婚の相手を選ぶのになぜ公の機関を恥ずかしがるでせう。（略）結婚を私事と思ふ考へ方を根底から改めなければなりません。国家が栄えなければ個人の幸福もないのですから、国家の人口政策に協力するといふ考へから進んで結婚相談所を利用しなければなりません。（略）会社、工場等でも職場で結ばれる男女をよく誘導して上長は進んで斡旋の労をとるやうにして頂きたいのです。[44]

この組織の設立によって、「会社や寺院内にある私設結婚相談所」と連絡をとるだけで、どこに申し込んでも「求婚カード」が全市の相談所へと回り、「広い範囲から理想の相手を選ぶことができる」[45] ようになった。結婚報国懇話会は、日本各地の職場に「結婚斡旋」を国民の義務として要請し、「晩婚の矯正」を男女従業員に呼びかけた。

我が国の現状では、西洋と異なり、結婚は主として媒酌によって成立してゐるのでありますから、それが閑却されたのでは結婚は著しく遅滞することになります。結婚奨励が国策として取り上げられた今日に於ては、結婚の媒介はもはや物好きな閑事業ではなく国策協力の大切な奉仕事業であることを知らなくてはなりません。これがためには、結婚斡旋の気風を盛んにし、個人として、親戚、知人、隣保の間に立つて、できるだけ多くの結婚を斡旋するは勿論、市町村を初めとし、あらゆる国体に於て結婚の斡旋指導に関する施設を行い、全国に亙って結婚斡旋網を構成する必要があります。[46]

そもそもこの結婚報国懇話会とは、「一般社会亦結婚ノ国家的民族的重要性ニ対スル認識薄」いため、結婚が「私事トシテ放任セラレ」[47]ている状況を改善し、「官民一致協力」して結婚奨励を促進することを目的として設立されたものだった。その会員名簿からは、厚生省のような官界の要人だけでなく、企業経営者など経済界の要人、女学校校長など教育関係者も多数在籍していたことがわかる。ここで提唱されている「結婚斡旋網」が、上意下達的な官僚制的システムであったことも特徴的である。たとえば、結婚報国懇話会の設立を指揮した宇原義豊は、その著書のなかで、結婚媒介機関を「八紘一宇の精神運動の第一歩」と位置づけ、「結婚斡旋網」の具体的な構成案を次のように提示している。

議会の問題として国家の力を借り、兵備問題として軍部から、福利問題として厚生省から、教育問題として学校から、優生問題として学界から、それぞれの力添えを貰ふ必要があります。（略）政府を始め官民情報の各機関に於て結婚問題を国防国家の建設上又大陸建設上重大国策

なる所以を民間に徹底せしめらるると共に政府の積極的援助を与へられんことを切望するものであります。(48)

こうして厚生省の主導で結婚報国会を全国各地に設立することが決まり、「結婚の世話好きと連絡をとること」「官民情報機関との連絡をとること」の義務化、全国の地域社会での結婚媒介システムの徹底化を図ったのである。(49)

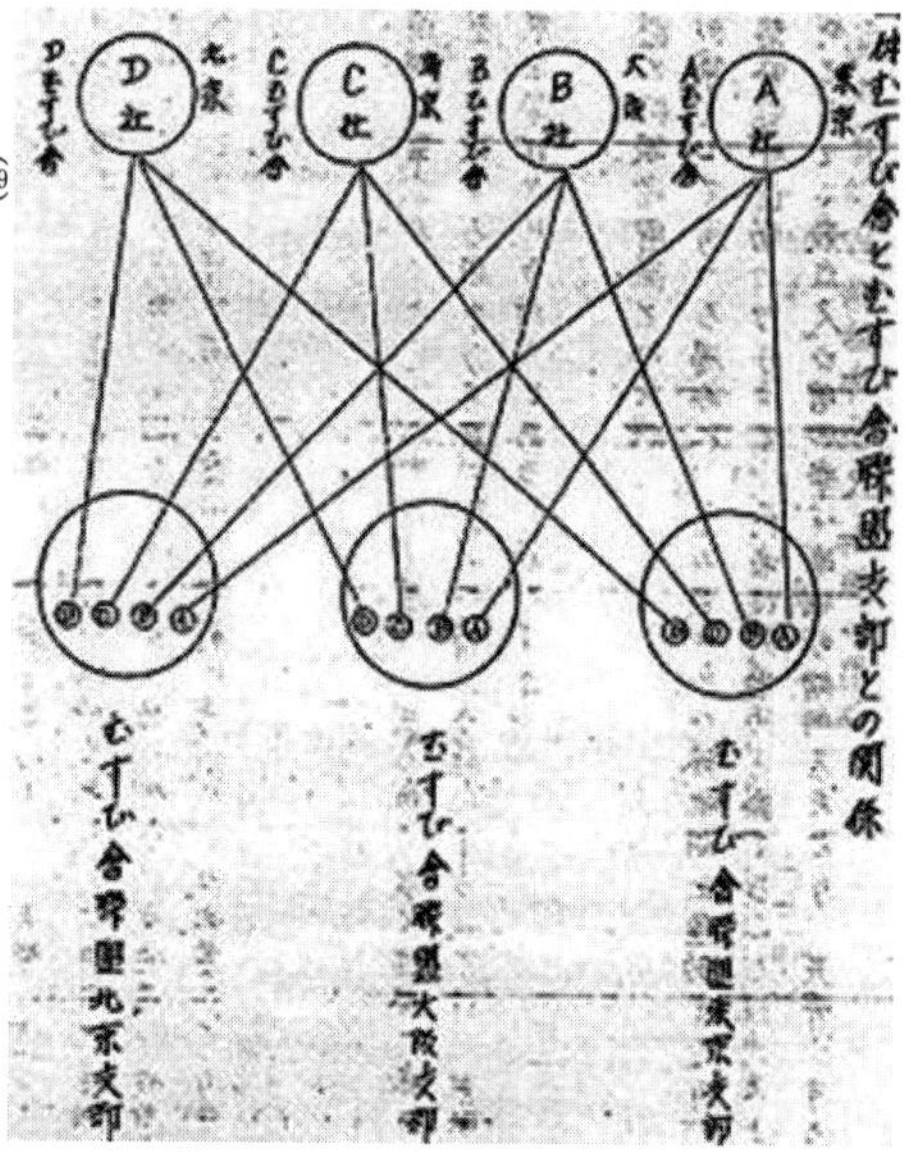

図4　結婚斡旋網の具体案
（出典：宇原義豊『国防国家の建設と結婚報国連盟の提唱』発行元未記載、1940年、9ページ〔再録：松原洋子編・解説『性と生殖の人権問題資料集成』第19巻、不二出版、2001年〕）

宇原の結婚政策は日本国内の結婚媒介にだけ限定されるものではなかった。「日満支を通じての日本民族の結婚媒介の総合化は八紘一宇の精神運動の第一歩たること」として、「八紘一宇実現の精神運動は、先づ結婚媒介機関の総合同盟に在りといふも敢て過言にあらずと信ずる」(50)と述べている。

このような官民連携型の「結婚斡旋網」の実態を、地方自治体の活動の事例から、さらに詳しくみておこう。

この時期になると、市長や校長こそが仲人になるべきとする言述も多くみられ、半ば義務化されている地域もあった[51]。市長が一括して媒酌人を務める「集団結婚」を提唱する例[52]、あるいは、「結婚適齢期男女の結婚台帳」を作り「早期結婚を斡旋、市長が仲人役をつとめて、どんどん結婚させる」といった活動を確認することができる[53]。福島県石城郡渡辺村の報告書には以下のような記述もある。

結婚相談所を設置し健民委員より結婚奨励委員を委囑して趣旨徹底をはかり、男二十一歳以上、女十七歳以上を登録する結婚適齢者名簿を男女別に作製し花嫁講習会も開催してゐる。又、適齢者の登録と同時に相互に健康診断書交換を励行させる一方五組以上を成立させた媒酌人を村で表彰し「戦時下結婚」として調度品、饗応の節約を一層強化してゐる[54]。

さらに指摘しておくべきことは、結婚斡旋網の末端として、隣組や町内会にその役割が期待されたことである[55]。一九四一年（昭和十六年）八月十四日付の「読売新聞」には、「隣組が月下氷人」という見出しで、人口局談を掲載している。そこでは、結婚斡旋が「各町内会で実行され町内会の間に候補者リストの交換が行はれればきっと好成績をさめると思ふ」と述べていて、「健康、収入等も調べる」だけでなく「体力手帳の交換もやってもらひたい」と呼びかけている。四二年一月十六日の記事にも、「結婚も勝ち抜くため　仲人さんは町会や隣組から」という見出しがあり、厚生省

の優生結婚相談所所長がこう呼びかけている。(56)

結婚は国家の大切な要請でありますがどうしても周囲の人達の温い仲人心が必要です。仲人役に相応しい年配の人々が買出しや一家の雑事に追はれて人の世話も出来ぬ、結婚は相談所任せだ―、これでは結婚は進歩しませんから、是非みんなが乗り出して日本の長い伝統を生かしませう。今日のやうに町会隣組が発達しますとお互に家庭の事情にある程度まで通じてゐますから適当な候補者を謁見し易い筈です。(57)

「日本の長い伝統」である「仲人」を国策に生かすのだとして、町会や隣組といった地縁組織を利用して婚姻率・出生率の上昇を図る、という内容である。

さらには、一九四二年(昭和十七年)二月十五日付の「読売新聞」には、厚生省が組織する結婚報国懇話会の板井武雄という人物の談話を掲載している。結婚報国懇話会は、「いよいよ市民の結婚媒介に積極的に乗り出すことになって毎月結婚中央連絡会議を開いて市内の各相談所との交流を緊密にすることになりました」とある。続いて、「会社や寺院内にある私設結婚相談所などとも連絡をとって、どこへ申込んでも求婚カードは懇話会を通じ全市の相談所へ廻り広い範囲から理想的な相手を選ぶことができるやうになりました」。

一九四三年(昭和十八年)六月十日付「読売新聞」の記事では、厚生省や市町村をはじめ、多くの団体や会社が「仲介の機関」をつくっているが、「これらは残念なことに直接家庭とは連携が薄人としては「最良」であるとしている。そこで事例として取り上げている隣組と町会こそが、仲いという欠点をもってゐ」ると述べていて、「個々の家との繋がりが強い」隣組と町会こそが、仲人としては「最良」であるとしている。そこで事例として取り上げているある町会に設けられた「結婚相談部」では「独身者のカードを作り各隣組長へ廻して隣組内の独身者の表を作り、それによって適当の配偶者がみつかれば相談員が出むいて結婚を奨励」すると書かれている。こうした町会の実践を参考にすべき模範として紹介しているのである。戦時の女性たちを指導した大日本婦人会もまた、「健兵健民の礎となる正しい結婚の促進」を掲げ、全国各班に結婚斡旋委員を置いて人口政策に協力した。(58)

以上にみてきたように、一九三〇年代から敗戦までの期間、「婚姻の円滑化」を図るための結婚斡旋網が政府の手によって展開されることになった。三八年（昭和十三年）の国家総動員法や四一年（昭和十六年）の大政翼賛会などの指導のもと、結婚による「報国」が唱え始められ、結婚報国を上意下達的に達成するため「結婚斡旋網」の形成が図られた。それが人々の民衆に根づいていた「伝統」「慣行」に訴えるものであったことが興味深い。こうして、私的な営みであった結婚さえも、国民が「公益」に奉仕するための手段へと変容することを余儀なくされた。人々の生殖・結婚を合理的に管理するため、「滅私奉公」の論理のうえに国民の自発性を誘発するような、国家―地域―家―個人を貫徹する結婚斡旋網が形成されていったのだった。

4　国家に管理される結婚

一九三九年（昭和十四年）四月十二日付の「読売新聞」には、「日本一月下氷人」として法学者・穂積重遠を称賛する記事を掲載している。「月下氷人のレコードホルダー」として、彼の誕生日会を新聞が大々的に報道しているのである。仲人が国家から高い価値を置かれていたことは、このような新聞記事からもわかるだろう。こうした記事は、仲人に対する人々の羨望を駆り立てただろうし、結婚を橋渡しすることが道徳的に高い価値をもつことだと広く人々に認識させるのにも一役買ったと思われる[59]。

本章では、優生学や戦時期の国家政策との関連から仲人について考察した。本章の分析を通じて仲人の質的な変容を見て取ることができる。すなわち、明治期の媒酌結婚の規範が道徳的な根拠のもとに語られる傾向が強かったのに対し、大正期から昭和期にかけて国家が戦争へと邁進していくなかで、結婚の仲介者は家族主義に加えて優生学という科学的見地から重要視されていった。

とはいえ、優生学が国家主義とスムーズに結合したナチスとは違い、日本では天皇制イデオロギーと不可分である「家族主義」がそのスムーズな結合を阻害したことにも触れておく必要がある。特に、断種法については日本の「国体」と矛盾するという立場からの批判が多数あり、天皇制国家の基盤である家族制度を自ら掘り崩すことの危険性が認識されていたのである[60]。衆議院の国民優生法案委員会では、反対派が修正案を出して、優生学的理由による中絶を認める条項の削除など、国民優生法は「産めよ殖やせよ」の政策を強調するかたちで議会を通過した。実際、国民優生法のもとで一九四一年（昭和十六年）から四八年に実施された不妊手術総件数は五百三十八件で、「強制断種」は一件も実施されることはなく、厚生省の目標を大きく下回った。[61] その意味では、日本の場合、優生結婚は「家族主義」との矛盾を回避するなかで、「断種」よりも婚姻数の上昇など人口増加政策のほうへと傾斜していく傾向にあったといえる。

昭和十七年八月三十日

家庭

銃後の隠れた篤行者 ⑤

生めよ、殖やせよ なんと五十組の仲人

國策の花咲く奥村さんの家

図5　国に称賛される仲人
（出典：「生めよ増やせよ　なんと五十組の仲人 国策の花咲く奥村さんの家」「朝日新聞」1942年8月30日付）

それでも、優生思想は、法や制度の枠組みのなかに収まる程度にとどまらず、民衆の結婚観に大きな影響を与えた。国家による国民の身体管理が進行し、それに伴って配偶者選択の基準が厳重化され、結婚媒介が国家事業の一つとして位置づけられていったのである。結婚相談所を利用せずとも、多くの人々に対して新聞や出版物を通じて、国家のために「正しい結婚」をすることが鼓舞されていたことが重要である。従来は、親族や地域共同体に埋め込まれていた結婚が、国民道徳としての性格をより強め、結婚の国家管理と呼ぶべき現象が進行したのだった。

注

(1)結婚媒介業が江戸時代に登場したことは森下みさ子『江戸の花嫁――婿えらびとブライダル』(〔中公新書〕、中央公論社、一九九二年)に詳しい。高群逸枝の前掲書『日本婚姻史』にも江戸時代について以下の記述がある。「職業的媒人も生じ、奉公人を扱う慶安がこれを兼ねたりした。医者にもこれを内職とする者があった。というのは、江戸期では、媒人の制とともに、結納の制が確立し、婚姻両家では、これの多寡が敷銀(持参金)の多少とともに問題となり、その貪欲のすそわけを職業媒人が買って出たのである。媒人の取り分は、結納金や敷銀の一割というのが、化政ごろの相場であった」(二二六―二二七ページ)

(2)有地亨『近代日本の家族観 明治篇』弘文堂、一九七七年、二五九ページ

(3)なお有地によれば、媒介所を利用するのは「有職者」の女性では女教員が大多数で、続いて産婆、事務員とある。男子の大多数は軍人であると記している。

(4)たとえば、鈴木皓天『立志成功就職者の顧問』(産業書院、一九一五年)という本を紹介しよう。新しい職業を紹介し、それについてアドバイスをするという内容だが、その一つに結婚媒介所を取り上げている。結婚媒介所は「人間に多少なりとも便益を与えようとして起った新職業の一つ」(一三一ページ)で、現代のような社会生活が複雑化し、「生活難」の時代では、誰しも他人を顧みる余裕

がなくなり結婚媒介に興味をもつ人が少なくなっている。そんな時代だからこそ「有望なる職業」だと記している。

(5) 伊藤良蔵「媒婚事業を社会事業となして大に経営せよ」「社会事業」第五巻第八号、中央社会事業協会社会事業研究所、一九二一年、三七ページ

(6) 結婚媒酌屋主人「結婚媒介所へ来る女」「婦人公論」一九一八年二月号、中央公論社

(7) 岐久知勘哉「不遇に泣く老嬢及び離婚夫人達の落ち着く処――結婚媒介所訪問記」「女の世界」一九二一年二月号、実業之世界社

(8)「取締られる結婚媒介」「読売新聞」一九一八年十一月三十日付

(9) 川村古洗『放浪者の世の中探訪』大文館、一九一七年、九五ページ

(10) 川口諫『実地調査広告の実物調べ――広告の正否鑑別法』実査博報社、一九二三年、一八〇ページ

(11) 前掲「媒婚事業を社会事業となして大に経営せよ」三七―四二ページ

(12) 同論文三七ページ

(13) 高田義一郎『優良児を儲ける研究』隆文館、一九二六年、七六ページ

(14) この法案は全十四条からなっているが、第一条「市町村長ハ、命令ノ定ムル所ニ依リ結婚紹介所ヲ措定ニ関スル事務ヲ掌ル」、第二条「市町村ハ結婚紹介所ヲ設置スルコトヲ得」、第四条「市町村結婚相談所ヲ設置スルトキハ市町村長之ヲ管理ス」とあるように、市町村長が結婚媒介で責任をもつことを法的に規定するように提案するものである。さらに、第十一条「結婚紹介事業ハ内務大臣之ヲ監督ス」、第十三条「有料又ハ営利ヲ目的トスル結婚紹介所ハ之ヲ廃止ス」とあるように、民間によるすべての結婚相談所の営業を禁止しようという提案がなされている。

(15) 海野幸徳「社会事業概念の研究」「社会事業研究」第十三巻第十二号、大阪社会事業連盟、一九二

六年、二五ページ
(16) 野間伸次「「健全」なる大日本帝国――国民優生法制定をめぐって」、大阪歴史学会編「ヒストリア」第百二十号、大阪歴史学会、一九八八年、四七ページ
(17) 氏原佐蔵『民族衛生学』南光堂書店、一九一四年、二六―二九ページ（再録：松原洋子編・解説『性と生殖の人権問題資料集成』第十六巻、不二出版、二〇〇〇年）
(18) 吉田静致『国民道徳の新修養』（「教育新潮叢書」第一期第三巻）、教育新潮研究会、一九一四年、一五一ページ
(19) 木村松代『結婚社会学』改造社、一九三二年、三〇〇―三〇二ページ（再録：木村松代『結婚社会学』〔「叢書女性論」第二十九巻〕、大空社、一九九六年）
(20) 田中孝子「東京市結婚相談所を語る」「社会事業研究」第二十二巻第一号、大阪社会事業連盟、一九三四年、五五ページ
(21) 永井潜『結婚読本』春秋社、一九三九年、三八一―三八二ページ
(22) 吉益脩夫『優生学の理論と実際――特に精神医学との関係に於て』南江堂、一九四〇年、二五七―二六〇ページ（再録：松原洋子編・解説『性と生殖の人権問題資料集成』第二十巻、不二出版、二〇〇一年）
(23) 吉田久一『昭和社会事業史』（社会福祉選書）、ミネルヴァ書房、一九七一年、一六四ページ
(24) 石田博英／高野善一郎『結婚新体制』青磁社、一九四一年、四一五ページ（再録：松原洋子編・解説『性と生殖の人権問題資料集成』第二十一巻、不二出版、二〇〇二年）
(25) 安井洋『優生結婚 増補』広文堂、一九四二年、一三五ページ（再録：松原洋子編・解説『性と生殖の人権問題資料集成』第二十三巻、不二出版、二〇〇二年）

(26)「縁結び新体制」「読売新聞」一九四一年八月十日付
(27)「紙上結婚相談 質疑に答えます」「朝日新聞」一九四二年十月四日付
(28)前掲『優生結婚 増補』一三五ページ
(29)前掲『〈恋愛結婚〉は何をもたらしたか』一五五ページ
(30)同書一〇三ページ
(31)松原洋子「日本――戦後の優生保護法という名の断種法」(前掲『優生学と人間社会』所収)を参照。
(32)沼佐隆次『厚生省読本――厚生行政の知識』政治知識社、一九三八年、三―四ページ(再録:『戦前期社会事業基本文献集』第四十七巻、日本図書センター、一九九七年)。ちなみに「濫觴《らんしょう》」とは、「はじまり、起源」の意味である。
(33)こうした記述は、たとえば雑誌「厚生事業研究」の中村遥の論考にみられる。ここでは、人口増強対策についての文脈で、「媒酌人」とは、「所謂出雲の神様と言ふだけに人間が努力して此の世で神様になれる唯一の分野であるかも知れない」と述べている(中村遥「戦時人口対策としての結婚問題に就いて」「厚生事業研究」第三十一巻第六号、大阪府厚生事業協会、一九四三年、二六ページ)。そのほかにも、一九四三年に「戦時下に於ての御奉公の道」を示す「手引書」として編纂された『戦時婦人読本』で田中孝子が、「正しき、良き結婚」をし、「よき家庭のうちに沢山のよき子どもをまうけること」が「国に報ずるの道」だと述べている(田中孝子「結婚報国」、市川房枝編『戦時婦人読本』所収、昭和書房、一九四三年、三八ページ)。さらに、具体的な方法として、「仲人によって紹介され親達が見て適当と思ふ相手の中から選ぶのが合理的な方法」だと提案している(同論文五五ページ)。
(34)安井洋『結婚新道』広文堂、一九四二年、九〇ページ

(35) 同書一〇六―一〇七ページ
(36) 同書一〇七ページ
(37) 同書一一二―一一三ページ
(38) 同書一一四ページ
(39) 同書一一五ページ
(40) 武井群嗣「推序」、木村よしの『結婚相談所員の手記』所収、興亜書院、一九四三年、一ページ
(41) 田中孝子「序」、同書所収、四―八ページ
(42) 「工場、会社、隣組で結婚の紹介」「読売新聞」一九四〇年十一月二十三日付
(43) 「縁結び新体制」「読売新聞」一九四一年八月十日付
(44) 「結婚への道 広く相手を選べ」「読売新聞」一九四二年一月十四日付
(45) 「相談所が連絡 結婚国策邁進」「読売新聞」一九四二年二月十五日付
(46) 結婚報国懇話会『事業場に於ける結婚奨励』(結婚問題資料第二輯)、発行元未記載、一九四二年、一ページ(再録:前掲『性と生殖の人権問題資料集成』第二十三巻)
(47) 「結婚報告懇話会会則附役員名簿」発行元未記載、一九四二年、一ページ(『性と生殖の人権問題資料集成――編集復刻版』第二十三巻、不二出版、二〇〇二年)
(48) 宇原義豊『国防国家の建設と結婚報国連盟の提唱』発行元未記載、一九四〇年、一〇ページ(再録:松原洋子編・解説『性と生殖の人権問題資料集成』第十九巻、不二出版、二〇〇一年)
(49) 一九四三年に大政翼賛会が政府に上申した「結婚奨励対策調査報告書」でも「結婚斡旋網の整備」を掲げている。前掲『戦時婦人読本』九四ページ
(50) 前掲『国防国家の建設と結婚報国連盟の提唱』

(51) たとえば仙台市に二つの厚生施設ができたことを報じる新聞記事によれば、国民学校の職員に結婚斡旋をする「市教育会結婚相談所」が設立され、委員は市内三十の国民学校長だった。「媒酌人は原則として校長」とされ、希望者があれば市長が媒酌人に乗り出すこともあったという（「先生の結婚相談所」「朝日新聞」一九四三年五月九日付）。

(52) 北海道旭川市では、「町内会婦人部」が指導する「厚生結婚」が提唱されている。これは「神前の集団結婚」であり、「市長が月下氷人となって幾千代鶯鴬の契りを堅めてゆかうとする仕組」だった（「市長が仲人で結婚奨励」「東京朝日新聞」一九四一年三月二十一日付）。

(53) 稲岡覚順「集団結婚の提唱――吾川口市の厚生結婚について」「厚生事業研究」第三十一巻五号、大阪府厚生事業協会、一九三四年

(54) 「文化健民運動資料」第五輯、大政翼賛会文化厚生部、一九四四年、九〇ページ（再録：北河賢三編『大政翼賛会文化部と翼賛文化運動』〔「資料集 総力戦と文化」第一巻〕、大月書店、二〇〇〇年）

(55) 原祐三「戦争と結婚難の対策」「人口問題」第六巻第一号、人口問題研究会、一九四三年、一二ページ

(56) 西川祐子によれば、国家総動員体制下では、「国民総動員の末端組織は「家庭隣組」であって、勤労奉仕・配給・回覧板による上意下達の情報伝達、相互監視などが徹底して行われた」（前掲『近代国家と家族モデル』二二ページ）。結婚斡旋や優生学的啓蒙も、こうした情報網を利用しておこなわれたのである。

(57) 「結婚も勝ち抜くため 仲人さんは町会や隣組から」「読売新聞」一九四二年一月十六日付

(58) 「日婦の縁結び 班毎にお仲人」「読売新聞」一九四三年十一月二十日付

(59) 仲人を市長が務めた事例としては次のようなものがある。前掲「集団結婚の提唱」である。ここで

は、「産めよ殖やせよの人口政策の線に沿って、必然採り上げられるのは「結婚」の問題であって「優生結婚」「適齢皆婚」の指導奨励は、今や厚生事業の重要な部門として登場するに至った」とある。そして、婚姻率がなかなか上昇しない要因は、結婚経費の高さや迷信などによる阻害にあると述べている。この問題への対処として立案したのが「厚生結婚」であった。記事によれば、この厚生結婚は予想以上の好成績をおさめ、「好評を博し、今後開拓さるべき結婚挙式の新しい一様式として推奨し得るに足るとの折紙」をつけられたという。媒酌人を市長が務めるというところに、国家事業としての「結婚」という性格が色濃く反映されているといえるだろう。

(60) 前掲「「健全」なる大日本帝国」四三―六五ページ。特に激しい反対論を展開したのが医師の牧野千代蔵であり、「日本帝国に国籍を有する民族が断種法の如きを唱道するは実に言語道断の事にして赤化も亦甚だし」と主張した。このように、日本精神や家族主義に反するものとして断種を批判する論調は多かった。「断種法制定論者にとって、この矛盾を克服するのは容易なことではなかった」のであり、「残る手段は断種法をどう国体＝家族主義と調和させるかであった」。結果的に、国民優生法では、五万人を超えるナチス・ドイツの断種法ほどの被手術者はなく、一九四五年まで四百五十四人という結果になった。断種申請が「任意」に限られ、断種法本来の目的である「劣悪者の根絶」が空洞化されたからである。この点については、戦前の皇国史観と自然科学の矛盾をなんとか両立させようと試みる支配層を描いた右田裕規『天皇制と進化論』（青弓社、二〇〇九年）も参照されたい。

(61) 前掲『優生学と人間社会』一八〇―一八二ページ

第4章　仲人の戦後史

1　民主化と高度経済成長という二つの戦後

戦後まもない一九四九年に小津安二郎監督の映画『晩春』が公開された。この映画では、女優の原節子演じる二十七歳のヒロイン紀子が、見合い結婚をする。すすめられるままに見合いをするヒロインの紀子だったが、「いやねぇお見合いなんて」とためらう。それに対し、友人が「あんたなんかお見合いでもしなかったらお嫁にいけないじゃない」と返す場面がある。

実は、この映画は脚本段階でGHQ（連合国軍総司令部）の検閲に引っかかったのだという。アメリカ占領下の当時、日本映画は公開前に必ずGHQの検閲を受けなければならなかった。この映画がなぜ検閲に引っかかったのかといえば、「見合い」が封建的とされたからである。最終的には、見合いは「日本では普通の慣習」だということで受け入れられ、脚本どおりに映画化された(1)。

図6　映画『晩春』（監督：小津安二郎、1949年）のポスター
（出典：松竹ウェブサイト）

見合い結婚を「封建的」と見なす価値観は、戦後GHQ主導の民主化政策のもとでよりいっそう広まっていくことになる。本章では戦後の社会変動のなかで見合い結婚や仲人の立ち位置がどのように変化したのかを、戦後の二つの時代変化に焦点を当てながら検討していくことにする。

まず一つは、敗戦直後の「民主化」という政治的な変化である。敗戦を経験した戦後日本はGHQの指導下、戦前の反省からあらゆる社会制度の「民主化」こそを最優先の課題とした。時代のキーワードは、「民主化」「民主主義」であり、家族や結婚をめぐる法律も大きく変容が迫られた。それにあわせて人々の価値観にも変化が生じたが、「民主化」の波を受けて仲人はどのような運命をたどったのか。家制度の廃止とともに仲人は消滅したのだろうか。これが本章の第一の検討課題である。

もう一つの焦点は、「高度経済成長」という時代変化である。日本の経済が飛躍的な成長を遂げた高度経済成長期は、一般的に一九五四年から七三年までのおよそ十九年間とされている。五六年の経済企画庁による「経済白書」での「もはや戦後ではない」という流行語はあまりによく知られたものだが、ここではそのあとに続く文章にも注目しておきたい。

われわれはいまや異なった事態に当面しようとしている。回復を通じての成長は終った。今後の成長は近代化によって支えられる。そして近代化の進歩も速やかにしてかつ安定的な経済の成長によって初めて可能となるのである。(2)

注目すべきは、「近代化」という言葉の意味である。戦後初期の「近代化」という言葉は、自由や平等を目指す「民主化」という政治的理念という意味で語られる傾向にあった。しかし、このころから「近代化」という言葉に込められていた「民主化」の意味はしだいに後景に退いていき、「近代化」は「経済成長」の意味へと一本化していくことになる。たとえば、社会学者の日高六郎は、高度経済成長期に「近代化」論が大きく転換したことを指摘している。日高によれば、敗戦直後の近代化論では、「前近代社会（とくに封建社会）や前近代的人間関係（とくに封建的人間関係）の克服が第一の問題になった」のであり、それは「民主化的近代化論」と呼ぶべきものだった。このとき戦前回帰を志向する支配層は決して「近代化」を口にすることはなかった。しかし、「近代化論を民主化的近代化論ではなく産業化的近代化論に切りかえることができると見てとったとき、はじめて保守的支配層は「近代化」を説き始め(3)」た。未曾有の経済成長のなかで、企業こそが日本社会の中心へと躍り出るわけだが、こうした事態は家族や結婚のあり方をも大きく変えていくことになった。こうした高度経済成長期に仲人はどのように変化したのかを検討することが、本章の二つ目の課題である。
以上をふまえて、少々大ざっぱな図式ではあるものの、「第一の戦後」としての民主化期と、「第二の戦後」としての高度経済成長期の二つを軸に、結婚と仲人の変遷を分析していくことにする。

2 「民主化」と結婚

新憲法と結婚

敗戦を機に、新しい憲法が制定され、結婚はもはや「家」同士の結合ではなく、「個人」同士の対等な関係であることが法律で明示された。敗戦から二年後の一九四七年五月三日、日本国憲法が施行され、婚姻についての第二十四条は次のように定められた。

［家族関係における個人の尊厳と両性の平等］
第二十四条　婚姻は、両性の合意のみに基いて成立し、夫婦が同等の権利を有することを基本として、相互の協力により、維持されなければならない。
2　配偶者の選択、財産権、相続、住居の選定、離婚並びに婚姻及び家族に関するその他の事項に関しては、法律は、個人の尊厳と両性の本質的平等に立脚して、制定されなければならない。

憲法の規定に基づいて民法が改正され、戦前民法の「家ニ在ル父母」の同意を必要とするという結婚をめぐる規定は廃止された。未成年の結婚に関してだけは「父母の同意」（民法七百三十七条）が必要とされたが、二十歳に達した者は自分の意思だけで結婚できることが定められた。従来の家と家との結合を否定し、独立した個と個の結婚こそが新しい望ましいかたちとされ、法律としての家制度は廃止されることになった。「家」のための結婚や「国家」のための結婚が理想とされ当然視されていた戦前の状況から、大きな飛躍の一歩が踏み出されたのである。

とはいえ、こうした法改正によって旧来の結婚観や様式がすぐに消滅したわけではない。たとえば、川島武宜は、一九五四年の著書『結婚』のなかで、「このような規定の改正は、ただちに従来の不自由結婚を事実の上でなくすことはできないのはもちろんで、まだ多くの結婚が本人の自由な意思で行われていない。また、仲人結婚は従来も法律上は要求されていなかったが、現在でもほとんど従来どおり仲人結婚が行われている実情である[4]」と述べている。川島は、仲人結婚が根強く残っている複数の要因と社会的条件を考察しているが、特に「男女の社会的隔離」という日本社会の構造的要因を問題視し、たとえ法律が変わっても、「男女交際のエチケット」が未発達である日本では「自由な結婚」が阻害されていることを指摘している[5]。

ちなみに、川島は戦前期にみられた「男女隔離」という状況に関して、次のような象徴的なエピソードを記している。戦前の状況を知るうえで興味深いので紹介しよう。

権力による隔離の強制は、特に犠牲と禁欲とを必要とする太平洋戦争中には極端な程度にまで強められた。ある時期には、男女二人の旅行者は、警察に逮捕され警察署の留置所に留置された。名古屋では、その上さらに「見せしめ」のため、翌朝、鶴舞公園の中を公衆の面前で歩かせ、恥をかかせた（略）。この「アヴェック」禁止の刑罰は、夫婦にまでも及んだ。東京のある大学の教授（五〇歳くらいだったと記憶する）は夫人同伴で先祖の墓まいりのため名古屋に赴き駅で下車したところを、「アヴェック」旅行のかどで警察に逮捕され留置されたとのことを、その事件直後に私は、その教授の友人から聞いたことがあった。要するに、権力は恋愛を処罰したのみならず、結婚によって社会的に公認された夫婦すら社会の中で隔離されることを要求し、その違反を処罰したのである。(6)

公の場で男女がともにいることは、ときには結婚した夫婦であっても、それだけで罪悪視された。法制度が変わっても、深く根づいた社会規範を刷新することがいかに困難だったかが推測できるだろう。(7) 川島は、「現在における急務は、新しい価値観に適応した新しい社会条件をつくることである」として、「青年男女の社会的接触をもっと組織化し、合理化し、制度化するために努力が払われなければならない(8)」と提言していた。

とはいえ、もちろん社会は変わりつつあった。すでにこれまでの章でも確認してきたとおり、見合い結婚を「封建的」とする主張そのものは戦後になって初めて現れたわけではなく、明治時代から一貫して確認されるものである。家制度が廃止されたことで、こうした主張は急速に社会に広がみられた。こうした衝突に注意を向けながら、戦後の「仲人」のゆくえを探っていくことにしよう。

恋愛結婚と「ミッチーブーム」

戦後は一貫して恋愛結婚の割合が上昇し、一九六五年前後に見合い結婚の割合を上回ることになる。「民主化」という新たな価値観の浸透がこうした変化を後押ししたのは確かだが、それを決定的にした出来事が五九年の皇太子の結婚だといわれる。

皇太子明仁親王と正田美智子さんの「御成婚」は、急成長していたマスメディアを通じて「恋愛結婚」として報道された。一九五九年四月十日の挙式当日の新聞には、「沿道に約百万もの人々が集まった」とその熱狂ぶりが記録されている。[9]「御成婚」が国民の意識に与えた影響について、当時の「ミッチーブーム」と呼ばれた現象とともに簡単に確認しておこう。

二人の結婚をめぐっては、メディアの報道が「恋愛結婚」として大々的に喧伝したことが重要である。この結婚がはたして純粋な恋愛結婚といえるのかどうか、それはあまり重要ではなかった。メディアが「恋愛結婚」として報道したその背後には、それを欲求する大衆の集合的な心理が存在していたのである。特に、美智子さんが皇室出身者ではない「庶民」だったという事実、そして、「恋愛結婚」こそが新時代の理想だとされる風潮が芽生えていたこと、これらの条件が相まって、新聞や雑誌を中心としたマスメディアは「恋愛結婚」であることを強調した。当時の新聞には、「皇室の人気はいま、戦後の最高潮に達している。それというのもご結婚がお二人の意志によって

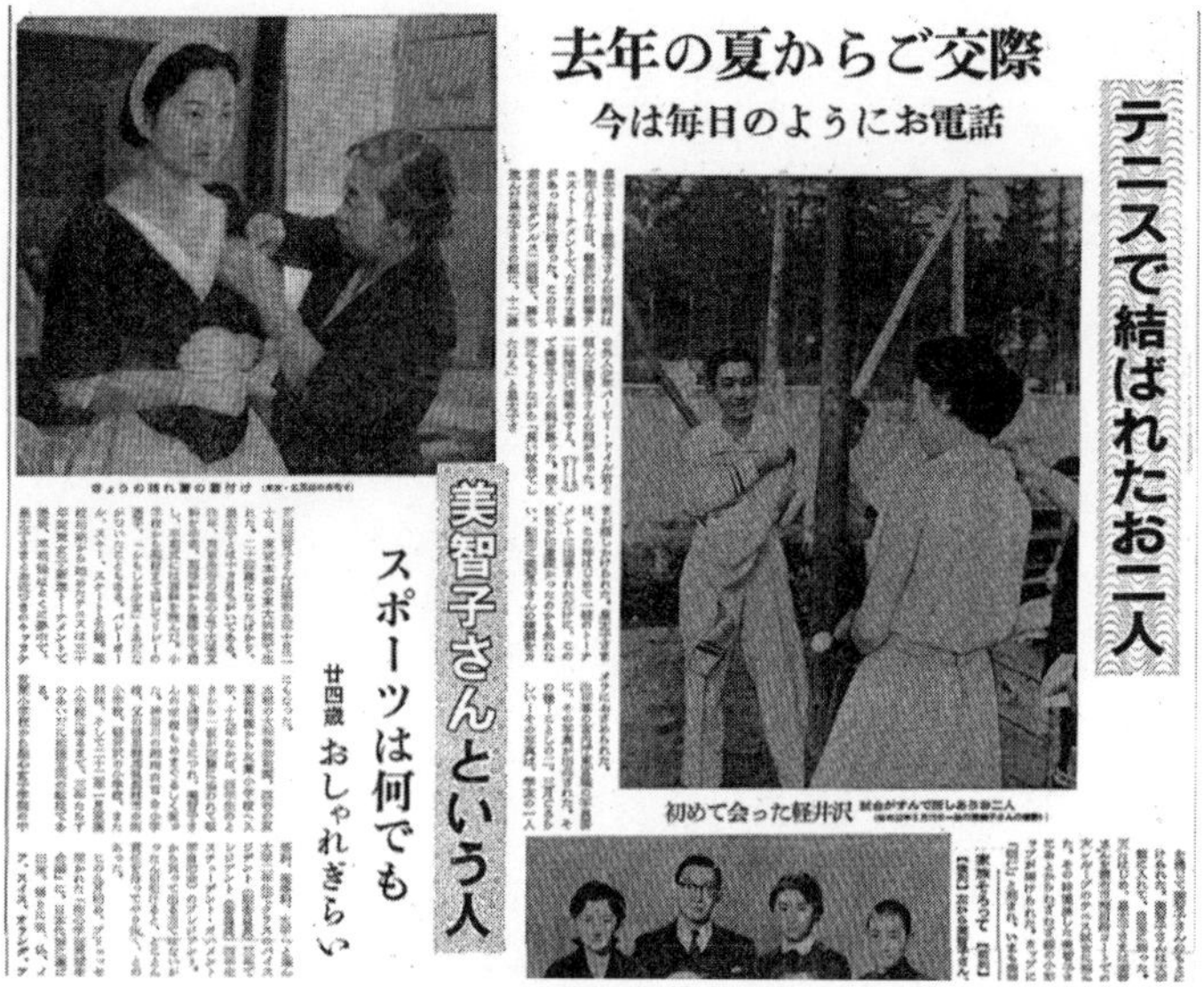
テニスで結ばれたお二人
去年の夏からご交際
今は毎日のようにお電話
初めて会った軽井沢
美智子さんという人
スポーツは何でも
廿四歳 おしゃれぎらい

図7 「テニスで結ばれたお二人 去年の夏からご交際 今は毎日のようにお電話」「朝日新聞」1958年11月27日付、東京号外

行われたというところに、大衆の支持があったからだ[10]」と書かれている。

とはいえ、これには批判も相次いだ。恋愛結婚を「野合」や「ふしだら」として否定する戦前からの文化や価値観も根強く残っていたからである。すでに一九五〇年代なかごろには、戦前の家制度への回帰を唱える、いわゆる「家族制度復活論」も隆盛していて、自由や民主主義の発現ともいえる「恋愛結婚」に対しては否定的な論調も少なくなかった。そのため、宮内庁は二人の結婚が「恋愛による結婚ではない」ことを幾度も説明する必要に迫られた。

「皇太子ご成婚」に対する社会の反応は賛否が分かれた。女性を中心に若い世代では皇太子の恋愛結婚は歓迎ムードだったが、旧世代を中心に反発の声も多かった。その主な理由は、将来「国民の象徴」になる皇太子が恋愛結婚をしたということになれば皇室のイメージが損なわれる、という懸念である。「恋愛」をする「庶民的な」皇族など受け入れがたいという声が大きく、たとえば、女子学習院の同窓会では、「旧皇族・華族ではないとまとまるはずがない。それに一般人からでは国民感情が納得しないだろう」と強い反発の声が上がったという。(11)次のような新聞記事の記述もある。

「恋愛」という言葉を宮内庁は極度にきらっている。国会で「お二人のご婚約は恋愛によるものかどうか」という質問が出たとき、宇佐美長官は「恋愛ではない」とハッキリ答弁した。(12)

このあたりの経緯を詳しく論じた石田あゆうの著書『ミッチー・ブーム』では、次のような興味深いエピソードを紹介している。一九五九年二月六日に衆議院内閣委員会でおこなわれた、自民党の平井義一と宮内庁長官の宇佐美毅の質疑応答である。委員会で、平井議員は宮内庁長官に対して、社会でいわれているように皇太子が軽井沢のテニスコートで出会って結婚に至ったというのがもし本当ならば、「これが果たして民族の象徴と言い得るかどうか」と問い詰めた。それに対し、宇佐美長官は次のように抗弁する。

今回の御内定になりました方につきまして、世上で一昨年あたりから軽井沢で恋愛が始まったというようなことが伝えられますが、その事実は全くございません。もちろん軽井沢でテニスを一、二度なさったことは事実でございます。しかしそれ以上の交際があったわけではもちろんございませず（略）世上伝わるようなうわついた御態度というものは、私どもは実際において全然お認めすることはできません。(13)

しかし、平井議員は長官の回答には納得していない様子であり、皇太子が庶民と同じようなことをすれば「国民の崇拝は得られない」と述べ、「いま少し厳格な教育をされたらどうですか」と問い詰めている。こうした皇太子の結婚をめぐって交わされたやりとりは、戦後十年以上を経ても、なお政府側には「恋愛結婚」に対する否定的な感情が根強く存在したことを示している。

しかしながら、社会の反応は違った。政府がいくら疑問を呈しても、若い人たちを中心に二人の「恋愛結婚」が歓迎された。「朝日新聞」一九五八年十一月二十七日付では、「新しい日本の象徴」という見出しで、当時の「街の喜びの声」を紹介している。「ほんとうに民間の人をお選びになったのね。しかも恋愛だなんて、うれしいわ。人間的だわ」「皇太子さまが市民のお嬢さんをお選びになったのって、とってもうれしいことですわ。それもお気に召したお方を。なんか皇太子さまが急に身近になった気持」「宮中の古いしきたりをはねのけて、格式や身分を越えた合意の結婚ときいてうれしいですよ。これからは古い勢力に利用されず人間生活に生きてもらいたい」などといった「街の声」が並んでいる。

このように政府・皇室周辺と庶民層の価値観には大きなギャップが存在したが、この「御成婚」報道を機に、恋愛結婚を理想とする考え方が社会全体に急速に広まっていった。戦中には「不道徳」の代名詞とされていた恋愛結婚が、人々の「あこがれ」へと転じていくのである。

新時代の「見合い結婚」

このような民主化の波と恋愛結婚の隆盛のなかで、見合い結婚や仲人はどのような運命をたどったのだろうか。皇太子「ご成婚」の一九五九年の雑誌「週刊現代」の記事にこう書かれている。

> 今まで夢の中のものだったのが、戦後、誰にでも急に手近か《(ママ)》なものとなったのが恋愛である。恋する二人が結ばれる恋愛結婚こそ理想のものと思われてきたが、それにもいろいろの欠点があるらしく、最近になって、意外にも古くさいとされていた見合結婚が次第に盛り返してきた。もちろん見合結婚も今までのような旧弊なものではなくなった。見合という日本独特の習慣を活用し、それに恋愛を加味した新しい結婚の方法である。[14]

この記事では、「見合は恋愛への門」「結婚への新ルート」といった言葉も並ぶが、恋愛結婚が新たな時代の「理想」になったことと同時に、それに合わせて「見合い」の意味が変わってきたことを指摘している。

恋愛結婚という理想は大衆化したが、実際には多くの人が恋愛結婚を実行できるような社会的条件は整備されておらず、ただちに「見合い結婚」が消滅に至ったわけではなかった。むしろ、理想と現実のギャップを埋め合わせようとするなかで「新しい見合い」のあり方が議論されるようになるのである。この「週刊現代」の記述が示すように、このころから多くみられる論調は、恋愛結婚の時代に「見合い」の新たな役割を考えようというものであり、記事にあるような「見合という日本独特の習慣を活用し、それに恋愛を加味した新しい結婚の方法」という「伝統の見直し」言説である。再度ここで注目すべきは、「見合い結婚」の中身の変化である。

戦後民主化時代の言論状況をみれば、「見合いは封建的」とする考えが台頭する一方で、「恋愛結婚は危険」という考えも根強く存在したことがわかる。とはいえ、これらは保守反動的な立場から語られたというよりは、男女交際の文化が未発達であるという現実的な要因や、離婚率増加の理由を恋愛結婚に結び付ける風潮のなかで語られる傾向にあった。「理想」としては恋愛結婚が称揚されたが、「現実」には見合い結婚以外の方法は難しい。そんな状況で、恋愛結婚と見合い結婚の境界が曖昧化し、融解していくのがこの時期だったのである。

3　恋愛を補助する「仲人」

伝統の見直しとして「見合から恋愛へ」のプロセスを「恋愛結婚」として捉えようというのが、この時期にみられる多くの言説の特徴だといえる。そもそも見合い結婚と恋愛結婚の二つを明確に区別することはそれほど容易ではない。この区別は、あくまで調査対象者に配偶者と出会ったきっかけが「見合い」だったかそれ以外だったかを尋ねて判別したものにすぎず、多分に主観的な要素を含んでいる。戦後日本で普及していった恋愛結婚が、西洋的な恋愛結婚にそのまま当てはまるわけではないことは、戦後の早い段階からロバート・O・ブラッドや望月嵩、田村健二などの家族社会学者の研究が示していた。たとえば、東京とデトロイトの調査を通じて結婚の日米比較をおこなったブラッドは、「純粋な恋愛結婚」を、①伝統的形式にこだわらない、②他者への依存がない、③婚前の交際がある、④愛情がある、という四つの要素をすべて備えたものとして定義したうえで、戦後日本でこの条件を満たす結婚はほとんど確認できないことを指摘している⑮。

さまざまな資料をみていくと、この時期に「見合い」が「恋愛」をサポートするものとして位置づけられていく傾向を確認できる。まず、一九五八年の「婦人公論」三月号に掲載された「特集見合結婚の再評価」を紹介しよう。この企画の一つに、「座談会・ベテラン仲人実態報告」がある。座談会は、司会を法政大学教授の本多顕彰が務め、松江章人（松江会計事務所長）、簡牛千和（主婦）、高本光子（東京都民生委員）、静間敏子（主婦）、大谷省三（東京農工大学教授）の計六人で構成されている。仲人経験が豊富なメンバーたちが自身の経験を語り合うという企画であり、当時の状況を知る貴重な資料だといえる。座談会の語りからは、仲人の新旧の対比が浮き彫りになる。

座談会の冒頭では、「仲人をする上で何に一番気をつけるか」が議題になっているが、ここで早くも意見が分かれている。メンバーには、「家と家とがいちばん大切ですね」と旧来の結婚観を支持する者もいれば、「両方がほんとうに好きだったら、家ということは問題にならないのではないでしょうか」と旧式の結婚を否定する者もいる。メンバーのうちで最も革新的ともいえる意見を述べているのが大谷省三だが、彼は「私は結婚すればいかなる場合にも独立すべきだ、家に入れてはいけないと思っています」と述べる。

座談会のメンバーに正面切って恋愛を否定する人物はいないものの、「男女交際」については懐疑的な意見が多い。たとえば、「見合から結婚までの期間はどれくらいが適当か」という議題になると、「一年以上交際したら百%結婚にゆきませんね」といった発言や、「半年交際しますと半分くらいは壊れます。ですから大体二月か三月に限定しているのです」「お二人を会わせるまでは慎重に調べて手間がかかりますが、交際しはじめたら、せいぜい四、五回会ったところで結婚式を挙げたほうがよいのです」などの意見が出ている。結婚前に長期間交際することの危険については出席者のほぼ全員が同意している。座談会メンバーの意見は随所で食い違うところはあるものの、共通して示されるのは戦前とは異なる新たな時代にふさわしい「見合い」や「仲人」の役割が求められているという認識である。

ひと口に見合結婚といいましても、いまはだいたい皆さん見合のあとで必ず交際期間というものがございますね。その間に恋愛が生じてくる——そういうことが一番いいのじゃないかと私も思うのです。(高本[16])

仲人は家と家との仲介をするということだったのですね。だから片づけるという言葉があることから考えても、人間の結びつきを媒介するというのではなかったというところに、根本的な問題があったのでしょうね。(大谷[17])

「見合い結婚」といっても「現代」のそれは戦前とは違って本人同士に選ぶ権利があり、その後の交際も認めるのが「新しい見合い」であり、それをサポートするのが仲人だという趣旨の発言が続くのである。

「見合い」という形式や言葉を忌避する「最近の若者たち」の様子が語られていることも興味深い。静間は、「お見合ってほんとうに結婚を目的としたというふうに改まられると、若い人はいやがる人もいますが、ただ御紹介するのだったら機会のない方にはとてもいいのじゃないかと思います」と述べ、それを受けた高本も「お見合ではなくて、御紹介って私は申し上げるのです」と語る。恋愛結婚が理想になったことで、「見合い」は恋愛できないことの証しとしてネガティブな烙印を押されるようになった。仲人たちは「見合い」を「紹介」と言い換えることで、あくまで個人の自主性や「恋愛」を支援する者として、自らの役割を位置づけ直すことになるのである。

一九六二年十月十六日付の「読売新聞」に「なこうどさんのこのごろ」という特集記事がある。冒頭で、「恋愛結婚のふえたこのごろでも、結婚式には〝なこうどさん〟による新郎新婦の紹介がおこなわれるのが通例。……なこうどさん――少し古めかしい響きをもつ呼び名ですが、でもその存在はまだまだモノをいいそう。このごろのなこうどさんの役割り《ママ》に焦点をあててみましょう」と述べ、「ベテラン仲人」の意見を紹介している。ここでも仲人の語りに共通するのは、本人の意思を無視するような「戦前の仲人」と自分たちを明確に差別化しながら、新しい時代の仲人の意義を語ることである。

双方の家庭環境を知っているなこうど役が二人の性格や好みをにらみあわせて、適当と思ったら引きあわせてあげる。あとは二人で交際してみて恋愛感情が生まれれば結婚にすすめばよいし、気持ちが動かなければ友人としての交際に切り替えるなり、打ち切るなりすればよい。つまりなこうどはあくまで紹介者にとどまり、あとは二人の責任で処するわけ。こうした結婚なら気持ちの上では恋愛結婚と変わらないし、ふつうの恋愛結婚と違いお互いのバックグランドが先にわかっているので失敗も少なくていいんじゃないでしょうか。長い結婚生活を幸福に過ごすためには、お互いの愛情と同時に、二人の家庭環境に差がないことがたいへんモノをいいますから。(日高パーティー主催者・日高艶子[18])

私はむかしのなこうどさんのように、ワラジを切らしてムリにまとめたがったり、ぜひもらいなさいとか、断られちゃ立場が困るなんてことは絶対にいいません。結婚式の前の日でも、断ってもいいんですよ、と念を押すぐらい。(東京友の会会員・堤茂代さん[19])

結婚の意味が「家」から「個人」へと変化するなかで、仲人に「新たな役割」が求められているというこうした言説は、戦後に刊行された結婚をめぐる啓発本にもみられる。一九六二年に刊行された『模範仲人読本』では、「戦前まで、日本の結婚の観念は、「家」と「家」との結婚、という封建的な思想に支配されていたのです」とあり、「新憲法の公布によって、結婚の意義は、はっきりと、当事者である本人同士の意思によって定められるものと規定され、いかに父母や目上のものが圧力を加えても、本人の意思を無視して結婚をすすめることは出来ないことになったのでありま す」[20]と述べている。とはいえ、著者は「仲人」の存在意義がなくなったわけではないと主張し、「仲人は要らない」という若者が増えている風潮に警鐘を鳴らす。

結婚を証明する人は、友人でも、先輩でも、先生でもよいのですが、完全に成立した結婚を証明し新しい世帯の発生を確認する、という第三者がいなければ、当人同士だけでは社会的に結婚を成立させることは不可能なのです。ここに現在の結婚における仲人の意味があるのです。（略）戦前と違って、今日の仲人は、家と家を結びつけるのではなく、あくまでも、個人の尊厳と、両性の平等を尊重した上で、一夫一婦を結びつける。[21]

「見合いから恋愛結婚へ」という折衷的な結婚様式では、仲人の役割は、前章までに確認したような、家同士を結び付けることや国家に奉仕することなどではなくなり、仲人は恋愛を必要とする個人を救済する存在としてその立ち位置を変えている。いずれの書物にも共通してみられるのは、個人主義を尊重し、「封建的な結婚」を批判したうえで仲人の現代的な意義を語るという記述である。

一九六〇年代ごろまでは、恋愛結婚のほうが恥ずかしい、あるいは「劣等」だという社会意識は残っていたが、しだいに見合い結婚こそを「恥ずかしい」とする風潮が社会を支配し始めていた。恋愛結婚が主流化するなかで「見合い」は、自分の力で配偶者を見つけることができなかった個人の「スティグマ」を意味するようになったのであり、配偶者選択の段階で仲人のような第三者が介在することを厭う価値観が浸透していくのである。[22]

「見合い」という家制度の慣習を継承するかたちではあったものの、これは大きな前進を意味していた。川島武宜によれば、戦前の多くの結婚の実態は、「見合いをする時にはその結婚はすでに決まっている」のであり、「見合いはまったく文字通り「見合う」だけ」で、「会話による個人的接触もほとんどなく、敗戦前には、見合いで「話をする」ような娘さんはむしろ見合いに落第する可能性が多かった」。[23] その意味でも、戦後に尊重されるようになった「見合い後の交際という方法」は「一歩前進」を示していた。法学者の武井正臣は、戦後の仲人型の配偶者選択方式は、「戦前の欠陥であった個人的接触の機会を附加する形式に変わってきて」いると指摘して、「仲人を始点とする点においては旧慣を維持し、見合いを附加する点において新傾向を示す」として、見合いもまともにおこなわれなかった「純・仲人型」から折衷的な「仲人・見合型」に変化したと述べている。[24] 戦後に「民主的家族」に関連する多くの著作を残した磯野富士子は次のように述べている。

見合いは、従来のような結婚の手続きとしてではなく、男女が知り合う機会を提供する制度として、あらためて見なおす価値がありそうだ。(略)親の方ではまだ多分に見合いを直接に結婚の第一歩と考えているのに、娘の間では見合いを、知り合う機会の一つとしてしか見ない傾向が一般化してきているのである。しかし、見合い制度を再評価するにも、従来のような仲人方式をそのまま温存すべきだというのではない。(略)安定した結婚のための配偶者を求めるには、従来の仲人様式がはたしていた機能のなかから、新しい形で利用できるものを取出し、それを愛情による結婚と結びつけるということも、真剣に取上げてよい問題であると思われる[25]。

見合い結婚は、家と家の連結の手段ではなくなり、恋愛結婚の手段的な立ち位置を与えられていく。先に紹介した社会学者のブラッドも、『現代の結婚』（一九六七年）で「今日では、見合結婚は、恋愛結婚に成功しなかった若い男女の最後の頼みとなっている。したがって、この方式にはじめから依存しがちなのは、若い世代のうちのほんの保守的な部分の人びと（比較的教育もなく解放されていない女性）だけである[26]」と述べている。恋愛結婚の否定のうえに成り立つ見合い結婚ではなく、恋愛結婚を補助するための見合い結婚への変化を見て取れる。

4　高度経済成長期の仲人――企業社会に埋め込まれる結婚

日本型経営と日本型福祉社会

続いて、高度経済成長期での結婚と仲人について考えていこう。日本の経済成長が進むにつれて、年功序列賃金制や終身雇用などを特徴とする、いわゆる「日本型経営」が称賛された。企業を拡張された一つの「家族」として捉える「経営家族主義」や「家族的共同体主義」が評価されたのもこの時期である。この経営家族主義では、従業員と企業の終身的な雇用関係、集団による意思決定、従業員に対する福祉の提供など、経営者は雇用関係を超えた「家族的関係」を従業員とのあいだに形成してきた。

一方、一九五〇年代後半から、多くの企業では、女性の「結婚退職制」や「若年定年制」が普及した。さらに、「配偶者控除」や専業主婦に年金の受給権を与える「三号被保険等」を創設するなど、新しい企業社会の制度化を通じて、女性の就労を抑制する制度を整えていった。経済構造の変化と伝統的家族観の応用が混然一体になりながら、女性の専業主婦化が進んでいったのである。[27]六〇年代は、経済成長のための企業が求める労働力とそれを支える家族という役割分業が政策課題になっていた。そして、生産の場で生じる「人間疎外」の問題を、家族という「愛情」の領域で対処することが期待された。

戦後の日本企業について分析したイギリスの社会学者ロナルド・ドーア[28]によれば、日本の企業とその従業員の家族との関係は次のようなものだった。従業員の家族は企業一家の「準構成員」であり、企業は従業員家族に配慮するとともに、従業員家族に企業活動への協力を要請する。企業は、従業員がその労働能力を十分に発揮できるよう、高い勤労意欲と企業忠誠心をもった「健康な」労働力の維持を図るために、従業員家族までを取り込んだ労務管理政策を展開したのである。家族ぐるみの企業忠誠心の発揮と企業への積極的協力を得ようとするのが、日本の大企業の家族政策の基調であった。[29]

そこでは、男性が企業に忠誠を尽くし、女性が専業主婦として家庭を守る、いわゆる「性別役割分業家族」が理想的なモデルとされ、国家による社会福祉や社会保障のシステムの基本単位とされた。一九六〇年代以降に政府が推進した日本型福祉社会は、公助を抑制し、自助・共助を称揚するものだったが、それは、企業が「家族」を丸抱えすることで人々の生活の保障を担うという構造だった。こうした制度の確立によって、家族や結婚生活が企業と密に結び付き、その依存度を高めていったのである。

職縁結婚の増加

戦後に増加の一途をたどった「恋愛結婚」がどのようなものだったか。同じ恋愛結婚でも、高度経済成長期と現代ではその内容に違いが存在する。その違いは「出会いのきっかけ」に表れている。内閣府調査での恋愛結婚と見合い結婚の区別は、配偶者との「出会いのきっかけ」に基づいているが、恋愛結婚の「きっかけ」の内訳には変化がみられる（図8を参照）。

戦後の「出会いのきっかけ」の大きな変化は、地域での出会いや親族の仲介を通じた「地縁結婚」が減少し、「職縁結婚」が増加したことにある。この点を、岩澤美帆・三田房美による論文「職縁結婚の盛衰と未婚化の進展」に基づいて確認しよう。

一九五〇年代までは結婚した夫婦の出会い方は「見合い」が主流だった。一方、当時は少数派だった恋愛結婚では、「幼なじみ・隣人」という「地縁結婚」が主流をなしていた。ところがその後、見合い結婚の割合は減少を続け、七〇年代に入ると「職場や仕事の関係で」、つまり「職縁結婚」がトップに躍り出る。この職縁結婚がその後しばらくのあいだ三組に一組という高い割合を維持した。

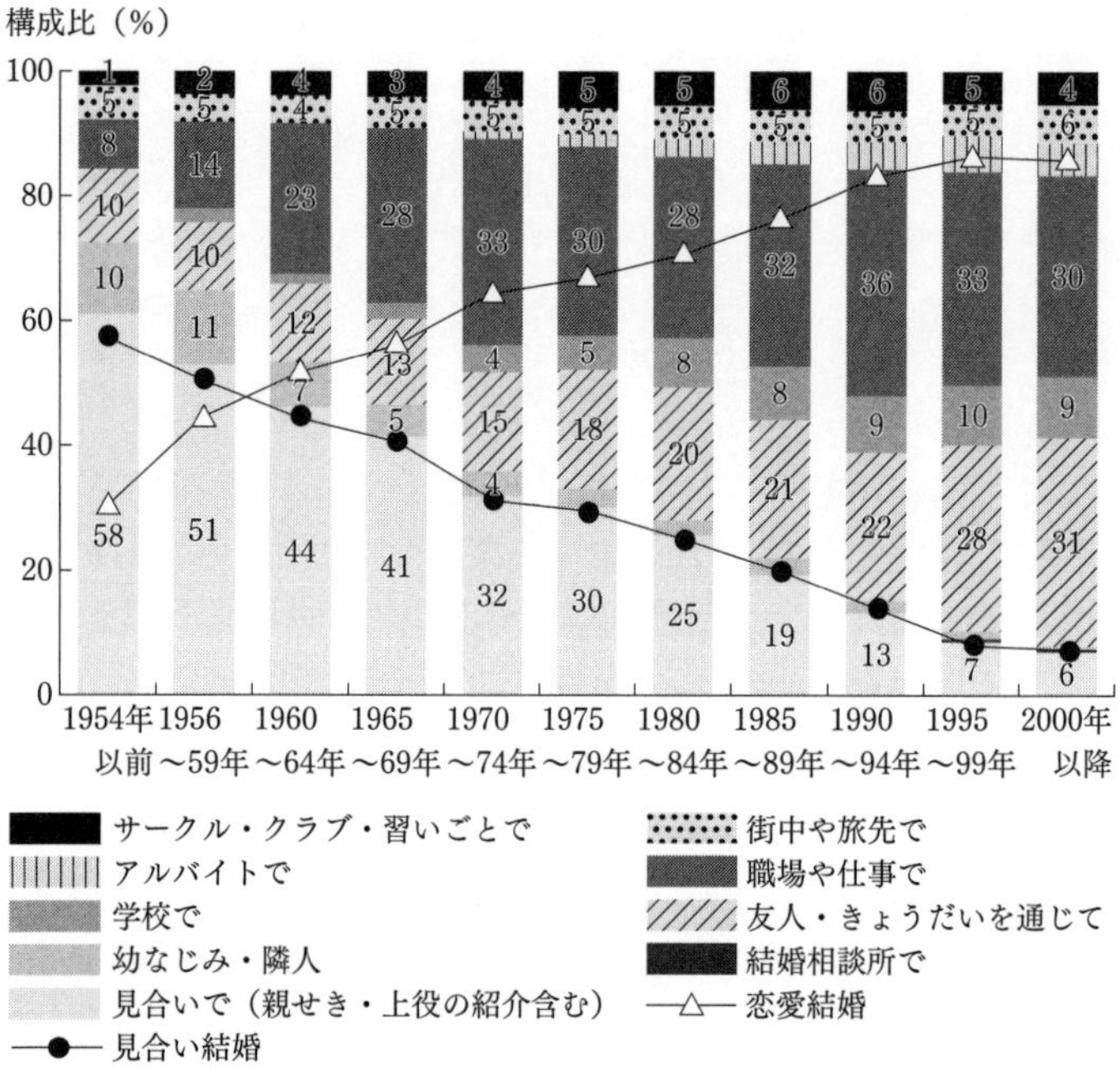

図8　結婚年次別、夫妻の出会いのきっかけの構成比
注：「第8回（1982）～第12回（2002）出生動向基本調査」初婚同士の夫婦について
（出典：岩澤美帆／三田房美「職縁結婚の盛衰と未婚化の進展」「日本労働研究雑誌」2005年1月号、労働政策研究・研修機構、18ページ）

どのような層が職縁結婚をしているのかといえば、主に大企業の事務職の男女、官公庁勤務の男女であった。彼らは会社の上司の紹介による見合い結婚を含む「職縁結婚」の機会に恵まれていた。論文では、「労働者を温情的に処遇できるゆとりは、年功賃金制と終身雇用制、家族に対する充実した福利厚生を可能にし、企業は男性従業員の定着と忠誠心を得ることができた。そうした雰囲気の中で、企業側（上司）が従業員の結婚問題に気を配ることは、ごく自然なことであったに違いない」と述べ、「女性従業員に対する当時の各種雇用慣行（短期間雇用、補助的業務、自宅通勤者の優先採用）」は、「企業側が女性従業員に労働力を期待していたというよりも、男性従業員の配偶者として結婚退職することを想定していたことを物語る(30)」と指摘している。

つまり、当時の職縁結婚は、当事者の意識としては恋愛結婚だったとしても、「企業によって身元保証された男女」が帰属意識の高い集団のなかで配偶者を見つけるというかたちをとっていた。その意味では、「拡張した見合い結婚」だったともいえるのである。高度経済成長期は、企業が家族の生活全般を丸抱えするような「家族の戦後体制」形成期だったが、配偶者との「出会いのきっかけ」に関するデータもこれを例証しているといえるだろう。男女ともに生涯未婚率が五％を割るような当時の「皆婚社会」を支えていた大きな要因の一つが仲人的機能をもつ「マッチング・メーカー」としての企業社会の存在だったのである。

誰が仲人を務めたか――全国調査「戦後日本の家族の歩み」から

このように結婚と企業社会が結び付きを強めた結果、必然的に仲人を担う者にも変化が生じた。

職縁結婚の増加に伴い、結婚式の仲人を「会社関係者」に依頼することが一般化する。サラリーマン男性と「寿退職」による専業主婦女性という、性別役割分業家族が大衆化したこの時期、会社関係者が仲人を務めることは、結婚を承認する主要な基盤が企業になっていたことを意味している。

ここでは、「結婚式で誰が仲人を務めたのか」を知ることができる数少ない貴重なデータである熊谷苑子の論考「結婚の社会的承認」[31]をもとに仲人類型の変遷を確認していきたい。

熊谷は、全国調査「戦後日本の家族の歩み」(略称 NFRJ-S01)の結婚儀式に関する質問項目への回答を、被説明変数、コーホートおよび社会的背景を示す属性変数を説明変数として分析している。調査は、二〇〇二年一月二十四日から三月三日に実施されたもので、調査対象は〇一年十二月末日時点で満三十二歳から八十一歳の女性、調査方法は訪問留置法、標本数五千のうち有効回答数は三千四百七十五である。熊谷は、「仲人類型のパターンは戦後日本における結婚の社会的承認の基盤の変化を示唆する」という視点に基づいて分析している。熊谷が示すグラフをみてみよう(図9・10)。

グラフからは、一九五〇年代までの仲人は、「親族等」が七〇%以上で大半を占めていたことがわかる。しかし、その後「親族等」の割合は徐々に減少し、八〇年代後半になると五〇%を下回る。対照的に、「職場の関係」は戦後一貫して増加傾向にあり、八〇年代後半には四〇%を超え「親族等」を上回りトップになっている。

また、一九五〇年代には、仲人を「夫・妻双方の関係の人」あるいは「妻方の人」などが務めるケースが半数以上を占めた。しかし、六〇年代以降、「夫方の関係のみ」が仲人を務めるケースが

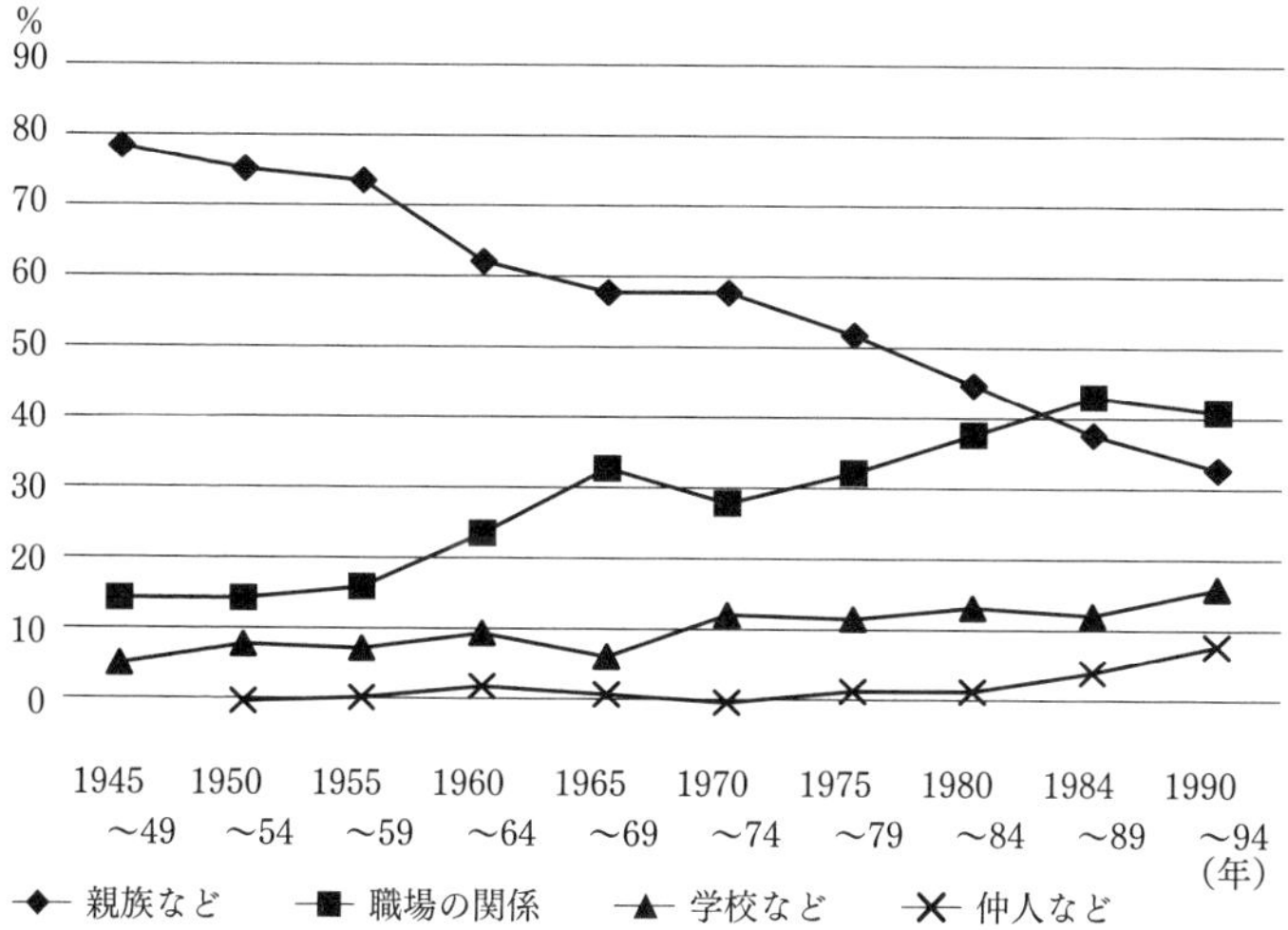

図9　仲人のタイプ
（出典：熊谷苑子「結婚の社会的承認――仲人に焦点をあてて」、熊谷苑子編、大久保孝治編著『コーホート比較による戦後日本の家族変動の研究』所収、日本家族社会学会全国家族調査委員会、2005年、13ページ〔https://nfrj.org/nfrjs01-2005_pdf/nfrjs01-2005kumagai〕［2021年9月19日アクセス］）

過半数になり、八〇年代後半には約七〇%と多数派になっている。図10からは、特に「職場夫側」の割合の上昇が顕著であることが確認できる。熊谷はこうしたデータをもとに、「社会的承認の基盤は結婚する当事者たちが第一次社会化の過程で埋め込まれていた集団から企業組織へ移行したことが判った」と指摘している。

熊谷はどの職種の対象者にも共通する傾向として以下の四点を挙げている。第一に、一九四〇年代の結婚での仲人は「親族等・その他」が中心的であり、決して「夫方のみ」に限られてはいなかった。第二に、六〇年代にはどの職業の結婚でも仲人類型に変化が生じた。夫が大企業社員の場合には「職場夫側」が増加する。夫が自営業の場合に

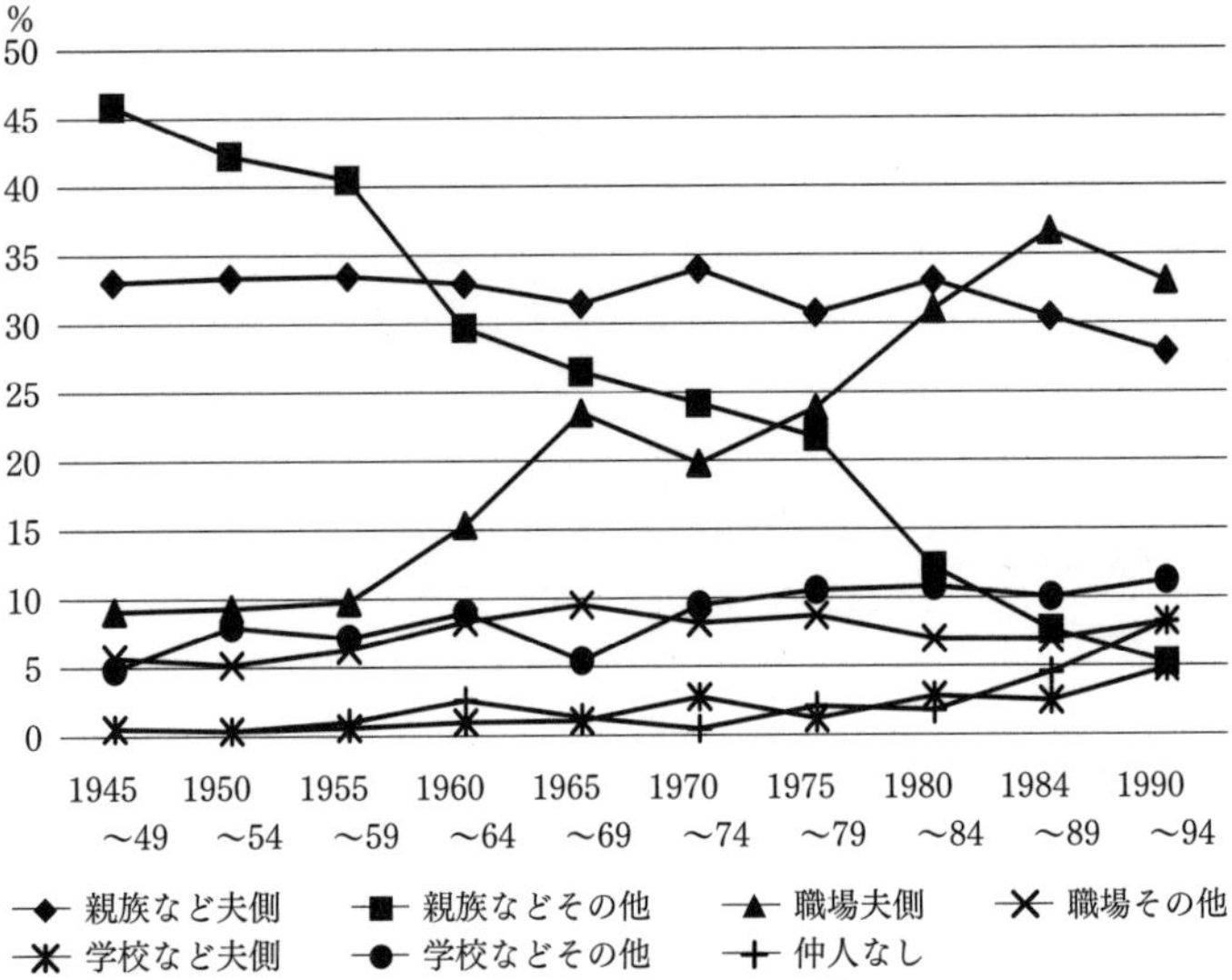

図10　仲人類型の変化
(出典：同論文13ページ)

は「親族等・その他」の割合が減少した。第三に、九〇年代以降、どの職業の場合にも仲人類型の多様化が生じた。第四に、「親族等夫側」はその占める割合には差異があっても、どの職業の場合も一定以上の位置を占めていた。一方、職種ごとの相違は、八〇年代までの変化にみられる。大企業社員の場合は、仲人が親族から職場の関係の人へ、主に「夫の職場の関係者」へと収斂していった。中小企業の場合にも、大企業ほど顕著ではないものの、おおよそ「親族」から「夫の職場関係者」への変化が生じている。自営業の場合には、八〇年代半ばまでは「親族」で「夫側とは限らない親族」が多数派だったが、八〇年代以降に急激に減少した。以上の結果に基づいて、熊谷は仲人類型の変化が「地域社会の構造や親族ネットワークそのものに変容が生じたことを示唆する」と述べ、結婚の承認の社会的基盤が夫の所属する「企業」へと収斂していったことを指摘している。

藤見純子も熊谷と同じデータを用いた分析をおこなっている。[32]藤見は、結婚時期を昭和二十年代、昭和三十年代、昭和四十年代、昭和五十年代、昭和六十年代の五つに分けたうえで、各グループで仲人を夫と妻のどちら側の関係者が務めていたのかを分析する。結婚式をあげた二千五百四十一ケースで、仲人を立てなかったのはわずか四％で、全体をみれば、夫側が六〇％、両側が一七％、妻側が一五％で、夫側が突出している。しかし、結婚時期年代別にみると、昭和二十年代の見合い結婚の場合、「妻側」と回答した者が四一・〇％と非常に高い比率を示していた。時代が進むにつれて、見合い結婚でも恋愛結婚でも「夫側」の比率が増大していて、いずれのグループでも見合い結婚のほうで「妻側」が高く、恋愛結婚で「夫側」が高いという傾向が確認される。恋愛結婚の場合には、「職場・学校」関係者が仲人を務める比率は昭和三十年代と四十年代で四〇％を占め、昭和五十年代に微増、昭和六十年代にかけては十ポイントの増加がみられる。藤見は分析に基づいて、恋愛結婚の一般化とともに、仲人類型が「親族」から「職場」へと変化したことを指摘している。

企業に埋め込まれる仲人

一九八八年の「朝日新聞」四月十四日付の記事は、「仲人白書」というデータを紹介している。この白書は東京都港区にある結婚式会社八芳園の手でまとめられたもので、調査の対象者は、同社が直近二年間で開いた仲人講習会の参加者約五百人とある。これによれば、仲人と新夫婦の関係は

「会社の部下」が五七％と最多、続いて知人が二六％、親族一五％であり、記事には「会社中心の人間関係の強さが濃厚だ」と記している。

恋愛結婚が主流の現代を反映して、「見合い、縁談からの仲人」は一〇％と少ない。「挙式当日のみ」と「結納からの仲人」がそれぞれ四二％で、いわゆる「頼まれ仲人」が大多数を占めている。

だが、仲人の多くは「式が終わればお役御免」と考えているわけではなく、アフターケアも気にしている。「挙式後もいろいろ相談に乗る」という人が四九％、「五年間は相談に応じる」と保証期間を限定している人が二五％。「式が終わればそれでよい」とするドライ派は一四％にすぎない。

仲人を引き受けたために洋服や留めそでを新調するといった出費は、平均十七万円。それでも、仲人の八割は「人生のけじめ」や「新夫婦の助言者」として、結婚における自分たちの役割を前向きに評価している。(33)

部下が上司に仲人を依頼するという慣行が一般化し、それとともに各地で登場したのが「仲人セミナー」だった。一九七九年の雑誌「週刊朝日」に「「仲人セミナー」に集まった人たちの「ここが知りたい」」という特集記事があり、次のように書いている。

仲人をだれに頼むか、これはとくに男性にとっては大変な問題だ。サラリーマンなら上司に依頼するのが普通だが、これとて人選を誤ると妙な派閥争いにまき込まれかねない。といって社長は大げさすぎる。ところが仲人を頼まれたほうは、これがもっと大変。(34)

仲人講習会や仲人セミナーが大繁盛していて、多くのところで「予約待ち」とあり、セミナーの出席者の特徴は、四十代の人が圧倒的に多く、次いで三十代と五十代が肩を並べると記されている。「まだ仲人をしたことはないが近々する予定」の人が約半数を占め、仲人をしなければならない相手は「会社の部下」が半数である。男性の場合、六〇％が会社員で、その大半を管理職か役員が占め、一方「主婦」の場合は、約九〇％が無職であり「サラリーマンの奥さん」が多数を占めると書かれている。申し込み動機については、「仲人の経験がないと管理職として半人前」などの声も紹介している。

この時期には仲人読本などの「ハウツー本」もよく売れた。記事には、「セミナーに出席できない人はどうしてるのかというと、これまでに刊行された書籍に頼るしか方法はない」と書いてあり、新宿紀伊國屋書店の店員による「結婚シーズンになると一日に十冊から三十冊の仲人関連本が売れる。（略）購入者は男性、会社員、四十代が圧倒的に多く、二段の棚しか設けていない割にはよく売れます(35)」という談話も紹介している。

図11　仲人関連の書籍（筆者撮影）

なぜ上司が仲人を務めたのか

このように結婚が「家」から「個人」へと変化する趨勢のなかでも仲人は存続した。戦後、民主化の波のなかで結婚は家制度や村落共同体からは離れていくことになるが、職縁結婚の増加や仲人類型の変化が示すように、そこで生じたのは「結婚の個人化」というよりは「結婚の企業社会化」と呼ぶべき事態だった。戦後は「恋愛結婚」割合が上昇したことで、配偶者選択をめぐる「個人の自由」が普及したと捉える見方が一般的だが、より正確にいうならば、結婚は「企業」へと組み込まれていったのであり、血縁・地縁に代わって新たに職縁がこの時代の結婚を支えていたと考えることができるだろう。

では、なぜ恋愛結婚でも結婚式に仲人を立てるという慣行が強固に維持されたのだろうか。そしてなぜ上司が仲人を務めたのか。明確な根拠を示す資料はないものの、ここでも仲人という「伝統」的なシステムが時代の要請に応じて活用されたと推察できる。

第1章で論じたように、日本の村落には「親子なり」と呼ばれる慣習が存在し、実の親子ではない者同士が、一定の手続きを経て親子関係に類似する社会的関係を結んだ。有賀喜左衛門は、「親方子方の関係」を「日本の社会構造を理解するために、最も基礎的な社会関係の一つである」と述べていた。そのような「仲人親」の慣行は、戦後日本では企業社会へと継承されることになったといえるだろう。川島武宜が、「日本社会の家族的構成(36)」として論じたように、ある一定の組織や集団を身内や家族になぞらえる感覚は日本社会に深く根づいたもので、その一つに「経営家族主義」がある。経営家族主義とは、「企業という経営集団を「家」集団と類比してとらえ、経営者と労働者との階級関係を、家における親と子という身分関係に転置して説明しようとする(37)」ものである。おそらく、企業への忠誠の証しとして、新郎の上司に仲人を頼むという慣習が生まれ、戦後の新しい都市的環境のなかで、従来は村落共同体が与えていた生活の保障と所属意識にかかわるものを企業が担ったのだと思われる。有賀は、「時代のいかんをとわず、有力者に無力な者が追随して、全人的奉仕または全家族的奉仕を行うことによりある程度の生活保障を得て、利害共同集団を結ぶことに親分子分の本質がある(38)」と述べた。戦後の企業社会では、このような「庇護と奉仕の関係」が職場に反映されたと考えられる。

となれば、続く一九九〇年代以降に生じる「仲人の消滅」という現象は、こうした企業と結婚の関係性の変化と関連づけて考えることが可能になる。「仲人の消滅」や未婚化といった現象は、単に「見合いから恋愛へ」の変化としてだけでなく、結婚の帰属先の変化という視点から検討することが重要なのである。

5　仲人はなぜ消滅したのか

急減した仲人

本書の冒頭で、柳田国男の「まずいちばんに人が気づかずにいるのは仲人という者の新たに現れてきたことである」という言葉を紹介した。現代はその言葉に倣って次のようにいうことができるかもしれない。まずいちばんに人が気づかずにいるのは仲人という者の新たに消滅したことである、と。

「仲人の消滅」など誰もが気づいていることだと思われるかもしれないが、重要なのは、仲人は決して漸進的に減少してきたわけではないという点である。「結婚式に仲人を立てたかどうか」については いくつかの調査データがある。ブライダル事業の大手企業 Bic ブライダルの調査によれば、一九九〇年時点で結婚式に仲人を立てた割合は八六・三％という高い数値を示していたが、九九年には二一・一％まで減少した。わずか十年のあいだにその割合が四分の一になっている[39]。また、結婚式に関する調査として日本で最大規模を誇るリクルート社の「ゼクシィ結婚トレンド調査二〇〇五年版」での「首都圏の経年比較」をみれば、結婚式で仲人を立てた割合は一九九四年時点では六三・九％で、九七年までは過半数が仲人を立てていたことがわかる。ところが二〇〇四年には一・〇％にまで急減している（図12）。

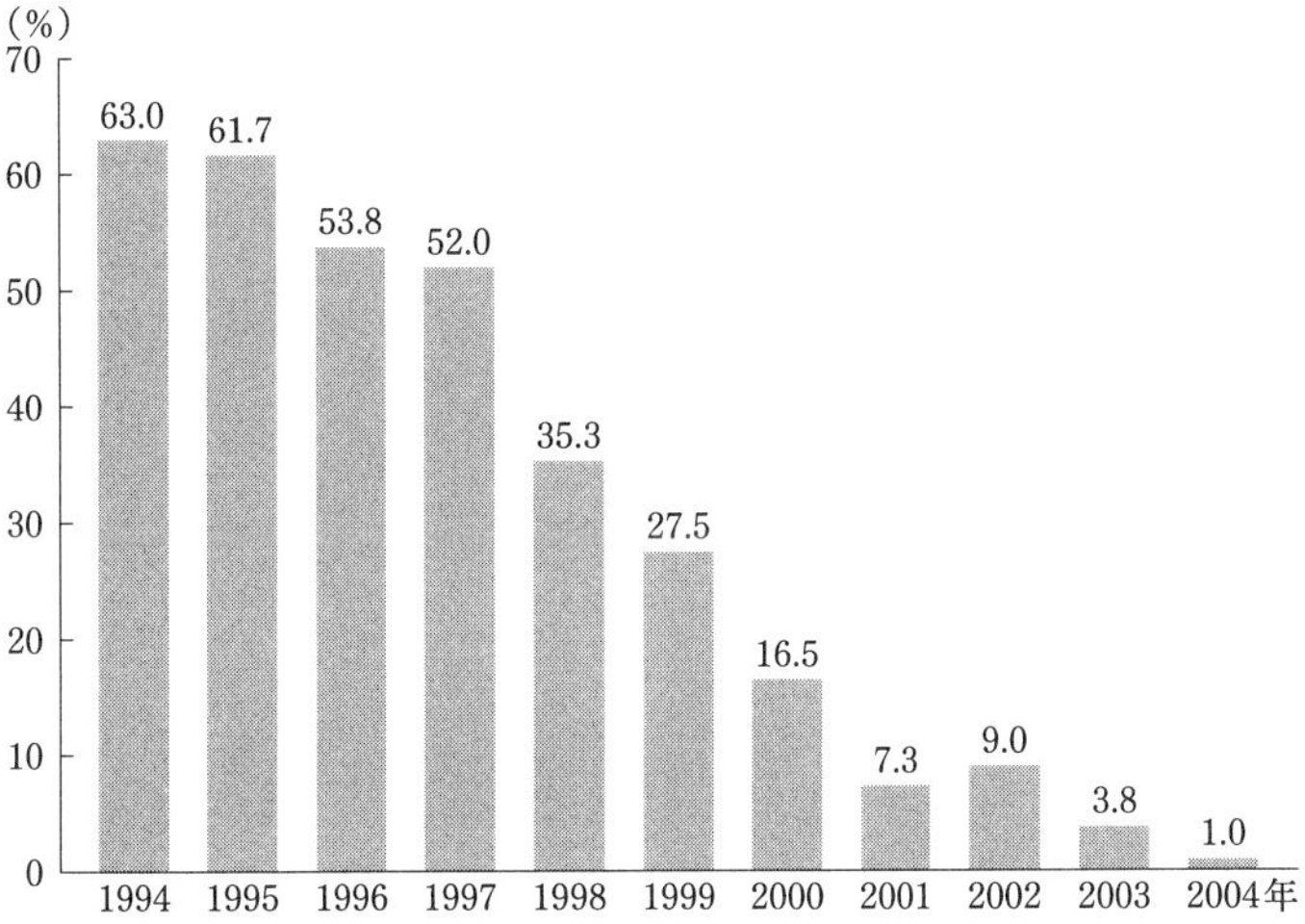

図12　結婚式に仲人を立てた人の割合
（出典：「ゼクシィ結婚トレンド調査2005」〔https://www.recruit-mp.co.jp/news/library/pdf/20051221_01.pdf〕［2021年9月19日アクセス］から筆者作成）

このように仲人は一九九〇年代に減少を始め、そこから一気に消滅へと至った。しかし、この事実は意外と知られていない。おそらく、その一因は「仲人」と「見合い結婚」がひとくくりで理解されることが多いからではないかと思われる。

ここで注目したいのは、戦後に見合い結婚が減少の一途をたどる一方で、形式的な「頼まれ仲人」であったにせよ、仲人だけは戦後も長らく存続し生き永らえてきたという事実である。この点に、日本の家族や結婚の変化を考えるうえでの重要なヒントが隠されているように思われる。以下では、家族の「個人化」などの言葉で表現される現代社会の状況を、「仲人の消滅」という視点から検討したい。

「失われた十年」に失われた仲人

今日では、結婚式の際に仲人を立てるカップルは一%にも満たず、仲人という言葉さえ知らない人も増えつつある。しかし、仲人が急減するのは一九九〇年代半ばから二〇〇〇年代初頭にかけての出来事だった。このおよそ十年のあいだにいったい何が起こったのだろうか。いくつかの要因が重なっていることは間違いなく、明確な答えを提示することは容易ではない。

まず、一つの仮説として挙げられるのは、この時期の結婚コーホートがいわゆる「団塊ジュニア世代」と一致していることである。そもそも結婚（式）というイベントは本人たちだけではなく、親や親族の意向を考慮しておこなわれる傾向がある。となれば、親世代の結婚（式）観の変化が子世代の結婚式の変化に影響を及ぼしていると推測できる。すなわち、家制度が消滅した「戦後」に生まれ育った親をもつ団塊ジュニアは、仲人を伴う旧式の結婚様式にこだわる必要がなくなったという仮説である。もちろん、実証的な根拠を示すことは難しいが、一つの仮説として提示しておくことはできるし、このような規範意識の世代的変化が「仲人の消滅」を引き起こした可能性には触れておいていいだろう。

しかし、ここではこれとは異なるもう一つの仮説を軸として議論を進めたい。ここまでに確認してきたのは、仲人という存在が、結婚する当人たちの帰属集団と密接に関わる存在だったということである。大まかに整理すれば、その帰属先は「村落共同体」から「家」へ、そして戦後は「企業」へと移り変わってきた。そうであるならば、この帰属集団の構造的変化こそが「仲人の消滅」

と関係していると考えることもできるはずだ。

仲人が急減する一九九〇年初頭からの十年は、いわゆる「失われた十年」と呼ばれる日本経済の低迷期と重なっている。特に、仲人を立てた割合が激減する一九九〇年代後半から二〇〇〇年代前半の就職氷河期に社会に出た人は「失われた世代」と呼ばれる。このことは単なる偶然ではないように思われる。そこで、ここでは〝失われた十年に失われた仲人〟という視点で考えてみることにしたい。

おそらく「仲人の消滅」という現象は、単なる古い慣習の衰退としてだけ捉えられるものではない。歴史的にみれば、仲人には結婚した夫婦を帰属集団へと埋め込む役割が期待された。しかし、人々の帰属集団や結婚観が変化するなかで、その役割や意味づけを変えながらも生き永らえてきた仲人がその居場所を失ってしまったのである。

戦前の日本では国家を一つの家族と見なし、親への孝行を天皇への忠誠と同一視する家族国家観に基づく共同体へと人々を動員する動きがあった。戦後は、都市化の進行に伴って地域社会・村落共同体が弱体化していくなか、終身雇用制や年功序列、企業内福祉などを柱にした日本的経営を基調とする企業が、社員とその家族を公私にわたって丸抱えする代替的な共同体として君臨した。すでに確認したように、一九七〇年代以降は職縁結婚が増加し、特に企業に勤める者たちは、会社関係者に仲人を依頼することが一般的になっていった。そして現代で問題化されているのは、あらゆる共同体から離脱する個人である。

仲人の消滅という現象を検討するために、配偶者との「出会いの場」がどう変化したかをいま一度確認しておきたい。厚生労働省による「出生動向基本調査」によれば、一九九〇年代に入ると、結婚相手と知り合ったきっかけのトップだった「職場や仕事で」が減少に転じる。(40) 割合としてはあくまで微減ではあるものの、二〇〇〇年になると「友人・きょうだいを通じて」がトップに躍り出ていて、配偶者選択における「職縁から友縁へ」の変化が確認される。先に参照した岩澤と三田の論文が示しているように、一九八九年のバブル崩壊のあと、それまで安定的だった職縁結婚というシステムが十分に機能しなくなった。この時期、女性の就業年数が長くなり、男女ともに非正規雇用の割合が増加する。経済構造の変化に伴い、終身雇用や年功序列賃金という雇用慣行、家族生活を企業が保障する福祉システムといった日本的経営の柱が大きく揺らいだ。おそらく、こうした労働市場・雇用慣行の変化が人々の結婚行動に変化をもたらした。

高度経済成長期の生活保障は、企業がその生活を丸抱えする点に特徴があり、結婚仲介に関しても職場関係者や職場そのものがその機能を果たしていた側面が強い。企業への帰属と忠誠心が「規範」としても「実態」としてもうまく機能していたのである。しかし、一九九〇年代に入って「企業と結婚の分離」が生じる。たとえば、九五年に刊行された日経連（日本経営者団体連盟）が著した『新時代の「日本的経営」』(41) は、日本の多くの企業がこれまでの「企業内福利制度」から、経費を抑えることができる従業員の「自助努力の重視」へと舵を切ったことを示している。企業は従業員を「企業一家準構成員」とする思想を放棄し、結婚や家庭の問題を個々の労働者の責任へと位置づけていく。(42) 社員の忠誠心よりもグローバルな競争に勝ち残るための雇用の柔軟性を優先する傾向が強まり、九九年の労働者派遣法の改定を契機に派遣労働の自由化も進んだ。その結果、八〇年代には十五歳から二十四歳の学校を卒業した労働者の九〇％以上が正規雇用者だったのが、二〇一〇年代になると正規雇用率が男性七〇％台、女性六〇％台にまで落ち込むことになる。非正規雇用の労働者は、企業福祉はもとより定期昇給も賞与もなく、雇用保険への加入も困難であり、企業内福祉は大幅に解体された(43)。

おそらく「仲人の消滅」という現象の背後には、こうした経済構造・就労構造の変化に起因する「個人化」がある。すなわち、地域社会や職場集団が安定的なコミットメントの場ではなくなったという構造的な変化である。個人の自助努力を強調するような、新自由主義的な価値観とも親和的だといえる。

もちろん「個人化」という点では、経済構造的な要因だけではなく、個人のプライバシーや人権、ハラスメントなどをめぐる社会の価値観の変化にも触れておく必要があるだろう。より具体的にいうならば、「会社の上司が部下のプライバシーに介入すべきではない」とする規範の登場が影響しているように思われる。もちろん、現代でも職場で出会って結婚する人は多く存在するわけだが、結婚式の際に上司に仲人を頼むという慣行はほぼ消滅しているといっていい。結婚はあくまで個人的・私的なイベントと位置づけられ、そこに仲介人や承認者、後見人としての仲人が介入することは忌避されている。少なくともタテマエとしては、夫婦関係は〝純粋に〟二人の関係であるべきだとされているのである。

仲人衰退の背景にはこうした構造的な個人化と規範的な個人化という二つの「個人化」があり、おそらく未婚率の上昇などもこうした社会変化と関連していると考えられる。もちろん、「個人化」そのものは必ずしも否定すべきものではない。企業福祉や企業への忠誠の解体、それに伴う、個々人のプライバシー保護や私生活への不介入そのものは、人権や個人の自由といった理念が社会に浸透したことの証左であり、受容すべき社会変化だといっていいだろう。社会学者のウルリッヒ・ベックも述べるように、「個人化」をネオリベラリズムとは区別しながら、人権や個人の自由といったその肯定的側面に注目することは重要である。

とはいえ、安定的な帰属先を失い、結婚をはじめとした親密圏を形成することに困難を抱える不安定な個人が増加していることは現代の大きな社会問題になっている。個人化という趨勢のなかで、どのようにして人々の関係性を創出することができるのか。これが現代社会の課題だといえるだろう。

注

(1) 川本三郎「映画の虫眼鏡 観察64――良家の子女は見合い結婚」「サライ」一九九四年九月号、小学館、一一二―一一三ページ

(2) 経済企画庁編『昭和31年度経済白書――日本経済の成長と近代化』至誠堂、一九五六年、四二ページ

(3) 日高六郎「戦後の「近代主義」」、杉山光信編『日高六郎セレクション』(岩波現代文庫)所収、岩波書店、二〇一一年、一〇六―一〇七ページ

(4)前掲、川島武宜『結婚』八―九ページ
(5)一九五二年四月九日付の「読売新聞」に、世論調査では「若い男女が腕を組んで街を歩いてもかまわない」と回答したのはわずか一六%にとどまったことも紹介している。
(6)前掲、川島武宜『結婚』一五ページ
(7)日本に関する多くの著作を残したアメリカの社会学者エズラ・ヴォーゲルも、日本の夫婦の親密性について次のような興味深い洞察をおこなっている。「夫と妻が手をとり合ったり、腕を組んで歩くことなどは、みっともないと思われている。夫は、他人の前ではできるだけ自分の妻の料理の仕方だとか、服装だとか、あるいは頭のよさなどについてほめるような言葉を口にしないようにと心がけているし、一方妻も、他人に自分の夫の自慢話をしたりすることはいいことではないと思っているのである。(略)日本では、家族の者たちが、他人の前でお互いの愛情を示しあうことは、上品な振舞い方だとは考えられていないのである」(E・F・ボーゲル『日本の新中間階級――サラリーマンとその家族』佐々木徹郎訳編、誠信書房、一九六八年、一八二ページ)
(8)前掲、川島武宜『結婚』七五ページ
(9)この結婚をめぐってメディアが果たした役割については、青木淳子「昭和――時代の結婚」(「特集 日本の結婚」「歴史読本」二〇一〇年十月号、新人物往来社)も参照されたい。
(10)「お二人に自由な生活を〝厚いカベ〟宮内庁」「朝日新聞」一九五九年四月十一日付
(11)「生かした憲法の精神 六年がかり、苦心の選考」「朝日新聞」一九五八年十一月二十七日付
(12)前掲「お二人に自由な生活を〝厚いカベ〟宮内庁」
(13)石田あゆう『ミッチー・ブーム』(文春新書)、文藝春秋、二〇〇六年、七六ページ
(14)「週刊現代」一九五九年十一月八日号、講談社、一〇ページ

(15) 前掲『現代の結婚』二三ページ

(16)「座談会・ベテラン仲人実態報告」、「特集 見合結婚の再評価」「婦人公論」一九五八年三月号、中央公論社、一八四ページ

(17) 同記事一八五ページ

(18)「なこうどさんのこのごろ」「読売新聞」一九六二年十月十六日付

(19) 同記事

(20) 前掲『模範仲人読本』一五―一六ページ

(21) 同書一八ページ

(22)「お見合の場合、男の方には失礼ですけれども、女の方のほうが六割お断りになりますね」(簡牛)といった興味深い語りもある。あるいは、「お知り合いのない方は、都や区の結婚相談所に申込まれるといいのですが、男の方の場合は、非常に相談所を利用するのをいやがるのですね。相談所にまで行かなくては相手が見つからないというのは、男として恥ずかしいと思うらしいのです」(高本)といった語りもある(前掲「座談会・ベテラン仲人実態報告」一八六ページ)。

(23) 前掲、川島武宜『結婚』四二―四三ページ

(24) 武井正臣『内縁婚の現状と課題』(「名城大学法学叢書」第四巻)、法律文化社、一九九一年。ちなみに武井は、戦後も婚姻届には証人を記入する欄があるが、「一般世間で行われている例では仲人(媒酌人)がこれになるのが多い。(略)証人は必ず仲人でなければならないと考えている者が大多数であり、又慣習上から見てもそうであろうから仲人でなくてもよいという意識を持つものは少いであろう」と述べている。こうした慣行が人々の婚姻の届け出を遅らせ、内縁が多い一因だと指摘している。

（25）磯野富士子『家族のなかの人間』筑摩書房、一九六二年、一六五―一六七ページ。福武直は一九七一年の著書で農村の結婚について次のように述べる。「農家の婚姻も戦前にくらべるとよほど変わってきた。その婚姻は、恋愛に始まるばあいも戦前から多くなっていると思われるが、一般的には媒介婚が普通だとみていい。しかし、そのばあいにも、見合の後婚約が整ってから当事者同士の交際が重ねられるのが農村でも常識となった。（略）親だけが話をとりきめ結婚式の当日まで相手の顔さえ知らなかったというような婚姻は、全く過去の語り草になってしまった。娘たちは、結婚するまでに夫たるべき相手と相互に話し合えるようになっている。何事も辛抱といいきかされて見知らぬ家に不安におののきながら嫁いだ祖母や母たちにくらべると、今の娘たちは幸せだといわなければなるまい」（福武直『日本の農村』〔ＵＰ選書〕、東京大学出版会、一九七一年、五二―五三ページ）

（26）前掲『現代の結婚』六九ページ

（27）井手英策『日本財政 転換の指針』（〔岩波新書〕、岩波書店、二〇一三年）第三章を参照されたい。

（28）ロナルド・Ｐ・ドーア『イギリスの工場・日本の工場――労使関係の比較社会学』山之内靖／永易浩一訳、筑摩書房、一九八七年

（29）目黒依子／柴田弘捷「企業主義と家族」、目黒依子／渡辺秀樹編『家族』（「講座社会学」第二巻）所収、東京大学出版会、一九九九年

（30）岩澤美帆／三田房美「職縁結婚の盛衰と未婚化の進展」「日本労働研究雑誌」二〇〇五年一月号、労働政策研究・研修機構、二五ページ

（31）熊谷苑子「結婚の社会的承認――仲人に焦点をあてて」、熊谷苑子編、大久保孝治編著『コーホート比較による戦後日本の家族変動の研究』所収、日本家族社会学会全国家族調査委員会、二〇〇五年（https://nfrj.org/nfrjs01-2005_pdf/nfrjs01-2005kumagai）［二〇二一年九月十九日アクセス］

(32) 藤見純子／西野理子編『現代日本人の家族——NFRJからみたその姿』（有斐閣ブックス）、有斐閣、二〇〇九年
(33) 「仲人白書」「朝日新聞」一九八八年四月十四日付
(34) 「「仲人セミナー」に集まった人たちの「ここが知りたい」」「週刊朝日」一九七九年十一月五日号、朝日新聞社、一一〇—一一一ページ
(35) 同記事一一一ページ
(36) 川島武宜『日本社会の家族的構成』学生書房、一九四八年
(37) 間宏「経営家族主義の論理とその形成過程——日本労務管理史研究序説」、日本社会学会編「社会学評論」第十一巻第一号、日本社会学会、一九六〇年、四ページ
(38) 前掲『家と親分子分』三一一ページ
(39) 下開千春「現代女性の結婚式に対する意識と実態」「LDI report」二〇〇一年五月号、ライフデザイン研究所
(40) 厚生労働省「第12回出生動向基本調査」（http://www.ipss.go.jp/site-ad/index_Japanese/shussho-index.html）［二〇二一年九月十九日アクセス］
(41) 新・日本的経営システム等研究プロジェクト編著『新時代の「日本的経営」——挑戦すべき方向とその具体策』日本経営者団体連盟、一九九五年
(42) 前掲「企業主義と家族」
(43) 鈴木宗徳「日本型企業社会とライフコース」、鈴木宗徳編著『個人化するリスクと社会——ベック理論と現代日本』所収、勁草書房、二〇一五年

終章　「ポスト仲人社会」を考える

1　再び注目される仲人

結婚相手と巡り会うことができない人々の増加が社会問題とされて久しい。「婚活」という言葉の流行が示すように、結婚が個人の自助努力によって達成すべきものへと価値観が変わってきたこともその一因に挙げられるだろう。特に二〇〇〇年代以降はそれが顕著になった。結婚市場から締め出された人々をどう救済すればいいのか。こうした社会状況から急増してきたのが、市場サービスとしての結婚仲介業や地方自治体による「仲人事業」である。結婚式から仲人が消えゆく今日、「仲人」の存在には再びスポットライトが当たっている。仲人という機能を復活させて結婚難を解消しよう――。そのような地方自治体による支援事業の事例を新聞記事から紹介してみよう。

二〇一一年の「読売新聞」（大分版、十一月十日付）には、「豊後高田に婚活推進協」という見出し記事がある。記事によれば、大分県豊後高田市で、若者の結婚を支援する豊後高田市婚活推進協議会が発足し、仲人を養成するセミナーを開講した。若者を結婚につなげた仲人には奨励金として市から十万円が贈られるという内容である。この協議会には、市のほか、市内の自治連合会、商工会議所など二十五団体が参加していて、加盟する会社や商店が「婚活応援隊」となって独身者に婚活パーティーなどの情報を提供するとある。

二〇一三年の「読売新聞」四月九日付には、「縁結び行政 知恵比べ」という見出し記事がある。この記事では、未婚化・晩婚化が進むなかで、「婚活事業」に力を注いでいる全国さまざまな自治体の「工夫」を紹介している。山口県萩市では、市役所に結婚相談所を常設し、漁業者に出会いの場を提供する「海の男と夏!」を開催したとある。福岡県糸島市では、農協・漁協・九州大学の学生が連携して「ロマンス会議」という組織を設立し、二百人の合コン（合同コンパ）や婚活講座が実施されたという。佐賀県武雄市では「お結び課」が創設され、登録者同士で条件が合えば見合いを設定するという方式が誕生した。熊本県山鹿市では「やまが肝いりどん」事業によって、市民が世話役になって出会いの場を提供し、もし結婚につながれば報奨金十万円が与えられる。大分県国東市では、仲人経験豊富な市民らによる「くにさき婚活応援団」が創設されたなど、さまざまな「仲人の復活」が実施されていることがうかがえる。

二〇一五年の「読売新聞」（栃木版、一月八日付）には「大田原に「婚活マスター」」という見出し記事がある。栃木県大田原市では、結婚の縁結びをする市民七十三人を「婚活マスター」として認定し、市長の認定証を手渡したという。「若者に定住してもらい、少子化、人口減少に歯止めをかけることを狙った〝市公認の仲人さん〟」であり、新夫婦に市内に一年以上住むことを約束させた婚活マスターには、奨励金二十万円が贈られるという仕組みだという。

ここでは三つの記事を取り上げたが、このような事例は枚挙にいとまがない。未婚化や少子化に関わる問題の文脈で、あるいは「まちおこし」や「地域再生」の文脈で、日本の伝統である「仲人」をいま一度見直そうという動きが確認できる。二〇〇〇年代初頭には、死語になろうとしていた「仲人」という言葉が近年になって再注目されているのである。

ここでも、「日本の伝統である仲人を時代に合わせて活用しよう」という明治以来の主張が繰り返されている。こうした仲人事業を揶揄しようというわけではないが、社会状況や家族・結婚観の変容をふまえれば、「仲人を復活させれば結婚難は解消される」という安易な発想ではうまくいかないだろう。「少子化」だけではなく、家族をめぐるさまざまな問題に対する根本的な解決を目指すには、人間関係や社会関係をめぐるより大きな規範的な変化ないし構造的な変化を視野に入れる必要があり、それがなければさまざまな対策も効力を発揮しないように思われる。

「家族」や「結婚」という名称は変わらなくても、その中身や意味は大きく変わりつつあるし、変わっていかなければならない。今日では、ジェンダー平等やセクシュアル・マイノリティの権利、事実婚、同棲、シングルなど個人が選択する（あるいは、そうならざるをえない）多様な形態などを尊重するかたちで解決策が検討されなければならないのである。こうした家族の「個人化」や「多様化」の進展が指摘されるなかで、本書のような仲人研究は何を示唆できるだろうか。

2　仲人機能の再編成へ

「仲人」という存在を通じて、日本の近代を考えることが本書の目的だった。最後に、「ポスト仲人社会」について考えてみたい。

本書で確認したように、仲人は単なる「仲介」の機能を果たすだけでなく、「承認」や「後見」といった重要な社会的機能を担っていた。ここで最後に示しておきたいのは、「仲人機能の再編成」という提言である。仲人の復活を望むにせよ、仲人の消滅を肯定するにせよ、仲人と社会の旧来の考え方を固定的に捉えることから離れて考えてみる必要がある。重要なことは、仲人そのものを復活させることではなく、社会を維持するうえで不可欠な、仲人が担っていた機能を社会がどのように再編成していくかではないだろうか。

仲人の歴史を分析してきた本書の現代的な意義はおそらくこの点にある。現在生じている未婚化や少子化への対応策が、旧来の家族・結婚観を見直すべきだといった安易な保守回帰の言説に取り込まれないためにも、仲人それ自体ではなく、社会が必要とする「仲人機能の再編」という視点が重要になるだろう。それは従来型の仲人を復活させるということではなく、その機能を抽出し、社会のなかで再構築していくことを意味する。

明治以降、その様相を変えながらも長く存続してきた仲人が、ついにその終焉を迎えた。繰り返しになるが、結婚観や家族観が変化したこと、それに関連して、個人のプライバシーに対する観念が大きく変化したことは社会の前進を示すものだろう。とはいえ、「仲人の消滅」を、社会が民主化したことの帰結であり、伝統的・封建的な家族規範から脱却したことの証しとしてだけ理解するだけでは不十分に思われる。「仲人とともに社会が何を失ったのか」という問いを検討することが、現代社会が抱えるいくつかの問題を克服する途を探るうえで重要だと考えている。

現代は、ライフスタイルをめぐる「個人の自由」を尊重しながら、同時に、人々を孤立させずにどのようにつなげるかという難しい舵取りが求められている時代である。こうした視点でみれば、仲人を新たな時代の要請に応じて見直そうという動向そのものは必ずしも否定すべきものではない。人々を「仲介」して新たな家族を作り出し、その関係性を社会的に「承認」し、その後の生活をサポートするという「後見」の役目を担う。このような仲人が担ってきた機能そのものは、いずれも個人が社会関係を形成・維持するうえで不可欠といえる。仲人の消滅とともに社会がこうした機能を喪失したとすれば、その機能の再編を検討していくことが求められる。

3　デモクラシーと仲人

本書の執筆も終盤を迎えたころ、資料をあらためて見直していくなかで、次のような新聞記事を発見し、意表を突かれる思いがした。それは、「大正デモクラシーの旗手」として知られる吉野作造が、仲人を頻繁に務める「世話好きなおじさん」だったという記事である。[1] この記事では、吉野の知り合いの実業家が「一度だめでも、次々に見合いさせられて閉口する」と回顧していたなどの興味深い逸話を紹介している。

一見すると、「デモクラシーの旗手」と「仲人」は矛盾を覚える組み合わせである。記事によれば、吉野はいつも「人に役立つために生まれてきたのだから」と述べていたという。吉野作造記念館の田澤晴子所長は、「縁結び役も優しい性格ゆえだろう。見返りを期待せず人に尽くす志は、語り継ぐ価値がある」と語っている。もちろん、ここに吉野がもっていた保守性やある種の限界を読み取ることができるのかもしれない。しかし、ここでは吉野自身の評価はおいておき、「デモクラシー」と「仲人」という二つの字句の並びに注目しておきたい。

おそらく、仲人とデモクラシーの二つを相反するものと捉えるのが一般的な感覚だろう。しかし、人と人をつなぐことが社会的義務だという、仲人に課せられた「機能」を取り出すならば、それはある種の「デモクラシー」の条件と一致するといえるのではないか。「デモクラシー」という言葉は少々大げさかもしれないが、それでも、仲人というシステムが個人を他者や集団と結び付ける社会的存在であり、このことで社会秩序を維持する役割を期待されていた点に注目するならば、おそらくこの機能が社会から失われたことで生じている問題もあるはずだ。

仲人といえば「お節介」の代名詞的存在の一つだった。仲人の消滅は「お節介」をめぐる価値観の変化とも関係しているだろう。もちろん、「お節介」が社会的に強く忌避されるようになったことにはそれ相応の理由がある。歴史をみれば、村落社会や企業社会が個人のプライベートな領域に介入することが強制や抑圧としてはたらいていた面もあり、「お節介」の衰退は個人の解放を意味する側面が強いからである。しかし、一方で「お節介」というボランタリーな相互扶助の理念が失われることで、個人は孤立しやすく、「自己責任」が強調されるというネガティブな側面もあるだろう。歴史的にみても、中間集団を喪失した個人が他者との直接的なつながりを失うなかで全体主義が引き起こされたことは多くの研究で指摘されてきたことである。

現代社会のいくつかの問題は、人々が他者との関係によって生じるあらゆる面倒や衝突を避け、自閉的な生活を送ることで生じている部分もある。しかし、個々人の自由や安定は、自分自身だけの努力で成し遂げられるものではなく、他者との関係性を通じてしか達成できない。個人や家族の孤立化、それに伴って生じる伝統回帰的な保守化の傾向に抗するためにも、仲人システムに託されていた機能を再構築していくという視点が重要ではないだろうか。

このように考えていくと、本書冒頭で紹介した「仲人は人生の義務」「死ぬまでに仲人を三度やれ」といった言葉は、単に封建的な家制度の規範として一笑に付せばいいものではなく、社会や人間関係のある種の本質を突いていると考えることもできるのかもしれない。パートナー関係を創出し、社会につなげ、外部から後見して支えること。自分のことにとどまらず、他者同士の関係を構築することを一つの喜びや美徳と考えること。こうした互酬や相互扶助といった理念そのものは、現代社会でいま一度見直されていい。

われわれは、仲人とともに日本社会が何を失ったのかを問うていく必要がある。この問いは、裏を返せば、近代日本が「仲人」に何を託し、依存してきたのかを考えることでもある。近・現代の日本は「仲人」という存在に多くの役割を背負わせたがゆえに、本来ならば発達すべきだった重要な社会関係が未発達のまま放置されてきたともいえる。あるいは、仲人という「伝統」に頼る発想しかもっていないがゆえに、パートナー関係や家族関係をめぐって未解決のままにされてきた問題があるのかもしれない。

現代社会で、家族や結婚をめぐる諸問題、そして、家族を超えた社交関係や相互扶助の理念を問い直すうえでも、あらためて「仲人の近代」を問うことには意義があるはずだ。仲人というシステムが、社会のどのような機能を担保し、同時に社会から何を簒奪してきたのか、そして、それが消滅したことで社会から何が失われたのかを考えることは、現代日本の「デモクラシー」のあり方を探る際に必要になる作業の一つだと考えている。

注

（1）「毎日新聞」（宮城版）二〇〇二年三月三十一日付

あとがき

本書は、仲人を軸として近代日本を読み解く試みである。一九九〇年代まで「結婚」や「家」と密接な関わりがあった仲人は、日本社会でどのように広まり定着したのか。また、なぜ衰退して現在では見られなくなったのかを歴史資料をもとに明らかにした。

本書は、二〇〇八年三月に慶應義塾大学大学院社会学研究科に提出した修士論文「仲人の規範化と近代日本の結婚――結婚のモーレスの国家的編成」をもとに執筆したものである。とはいえ、全体に大きく手を入れており、修士論文の原型をとどめてはいない。ちなみに、本書の第1章「仲人をめぐる「民俗」――村落共同体のなかの結婚」後半から第3章「仲人と戦争――結婚相談所にみる結婚の国家的統制」は、以前に公刊した「明治期「媒酌結婚」の制度化過程」（ソシオロジ編集委員会編「ソシオロジ」第五十四巻第二号、社会学研究会、二〇〇九年）と「戦前期「媒介婚主義」の思想と論理」（「慶應義塾大学大学院社会学研究科紀要――人間と社会の探究」第七十号、慶應義塾大学大学院社会学研究科、二〇一〇年）の二つの論文を大幅に加筆・修正・再構成したものであり、第4章「仲人の戦後史」と終章「「ポスト仲人社会」を考える」はほぼ書き下ろしである。

修士論文提出から本書の刊行までに実に十年以上の歳月が流れたことになる。この間、多くの方々にお世話になった。無事こうして刊行に至ることができたのは、完成まで辛抱強くお待ちくださった青弓社の矢野未知生さんのおかげである。最初に執筆のお誘いをいただいてから長い歳月が経過していて、大変なご迷惑とご苦労をおかけした。執筆の過程では、専門誌の投稿論文に対する「査読」と言って差し支えないレベルの的確で膨大なご指摘をいただいた。残念ながらそのすべてに応えることはできていないが、こうしてなんとか一つの著書としてまとめることができたのはひとえに矢野さんのおかげである。

指導教授の渡辺秀樹先生には、大学院時代から現在までいつもあたたかく私の研究生活を支えていただいている。修士論文に「仲人」という少々突飛なテーマを選んだ私が、どうにか一つの学術論文を仕上げることができたのも先生のご指導の賜物である。副指導教授の澤井敦先生には、家族研究がご専門ではないにもかかわらず、常に私の研究に寄り添ってくださり、特に理論的な部分で多くのご示唆をいただいた。博士論文の副査を担当していただいた岡田あおい先生は、歴史研究の作法や厳しさをご教示くださり、数多くのご助言で研究を支えていただいた。そのほか慶應の社会学研究科の先生方には大変お世話になった。私に研究者の道を志すきっかけを与えてくださった学部時代の指導教員である樫尾直樹先生にも、この場を借りて感謝をお伝えしたい。

博士論文の副査をご担当いただいた金城学院大学の宮坂靖子先生にはさまざまな機会にご助言を頂戴した。私が歴史社会学に引かれて研究を始めるきっかけの一つになったのが先生の論文であり、その後先生と交流の機会をいただけたことはとても幸運なことだった。日本学術振興会特別研究員時代に受け入れ先教員を引き受けてくださった早稲田大学の池岡義孝先生には、先生が主宰する研究会でたびたび報告機会を頂戴し、文献など多くのことをご教示いただいた。

そのほかにも慶應ゼミの先輩・同輩・後輩のみなさま、家族社会学研究会のみなさま、DFS研究会のみなさまなど、一人ひとりお名前を挙げることはできないが、たくさんの方々にお世話になった。特に、久保田裕之さん、藤間公太さん、府中明子さんのお三方には、初期の草稿に目を通していただき大変重要なアドバイスをいただいた。記して感謝を申し上げたい。

本書のもとになる修士論文の執筆では、平野敏政先生に大変お世話になった。研究テーマさえ決めあぐねていた当時の私がゼミで仲人について報告した際、「これは絶対に面白くなる！」と強く背中を押してくださったのが先生である。当時の平野ゼミに参加していた、小山彰子さん、平井一麥さん、楊雪さん、芦田裕介さんにも公私にわたってお世話になった。

本書刊行までに、長い時間がかかってしまった。特に博士号取得後の数年間は、なかなか専任職を得られず、研究に対する自信や意欲を失いかけていた。その後、なんとか持ち直して研究を続けられたのも家族の支えがあったからである。長年研究を応援してくれた両親、そして、現在の私を支えてくれている妻と子どもたちに本書をささげたい。

二〇二一年十月七日　　阪井裕一郎

［著者略歴］
阪井裕一郎（さかい ゆういちろう）
1981年、愛知県生まれ
福岡県立大学人間社会学部専任講師。博士（社会学）
専攻は家族社会学
著書に『事実婚と夫婦別姓の社会学』（白澤社）、共著に『社会学と社会システム』（ミネルヴァ書房）、『入門 家族社会学』（新泉社）、『境界を生きるシングルたち』（人文書院）、共訳書にエリザベス・ブレイク『最小の結婚――結婚をめぐる法と道徳』（白澤社）など

青弓社ライブラリー104

仲人《なこうど》の近代《きんだい》　見合い結婚の歴史社会学

発行―――2021年10月27日　第1刷
定価―――1600円＋税
著者―――阪井裕一郎
発行者――矢野恵二
発行所――株式会社青弓社
〒162-0801 東京都新宿区山吹町337
電話 03-3268-0381（代）
http://www.seikyusha.co.jp
印刷所――三松堂
製本所――三松堂

ISBN978-4-7872-3499-5　C0336